数字化广告运营

智能营销时代的精准投放法则

杨志杰　李思达◎著

人民邮电出版社

北　京

图书在版编目（ＣＩＰ）数据

数字化广告运营：智能营销时代的精准投放法则 /
杨志杰，李思达著. -- 北京：人民邮电出版社，2018.8
ISBN 978-7-115-48906-7

Ⅰ. ①数… Ⅱ. ①杨… ②李… Ⅲ. ①网络广告－经
营管理 Ⅳ. ①F713.852

中国版本图书馆CIP数据核字(2018)第163772号

内 容 提 要

本书共分为数字化浪潮下的广告营销新变革、大数据广告、移动广告、原生
广告、程序化购买广告、数字媒体时代的广告精准投放、"互联网＋"户外广告7
个部分，对数字化时代背景下的媒介环境变革、传播特征及逻辑，数字化广告的
内涵、切入点选择、裂变策略、商业模式等进行全面阐述，为创业者及企业提供
了一条掘金数字化广告风口的有效路径。

♦ 著　　　　杨志杰　李思达
　　责任编辑　赵　娟
　　责任印制　彭志环

♦ 人民邮电出版社出版发行　　北京市丰台区成寿寺路 11 号
　　邮编　100164　　电子邮件　315@ptpress.com.cn
　　网址　http://www.ptpress.com.cn
　　北京九州迅驰传媒文化有限公司印刷

♦ 开本：880×1230　1/32
　　印张：9.25　　　　　　　　2018 年 8 月第 1 版
　　字数：168 千字　　　　　　2024 年 8 月北京第 7 次印刷

定价：48.00 元

读者服务热线：(010)53913866　印装质量热线：(010)81055316
反盗版热线：(010)81055315
广告经营许可证：京东市监广登字 20170147 号

前　言

移动互联网、物联网、传感器等技术在各行各业的广泛应用，使人类社会发生了颠覆性变革，"万物互联"的数字化时代正在向我们迎面走来，信息传播速度实现了质的飞跃，传播成本被降到了极低的水平，在给传播环境带来强烈冲击的同时，也颠覆了受众接触媒体的习惯。

由于传播渠道的垄断局面被打破，电视、报纸、杂志、广播等传统媒体的影响力被大幅削弱，微信、微博、斗鱼、今日头条、喜马拉雅 FM 等新媒体百舸争流、千帆竞渡，爆发了惊人能量，信息从单向线性传播变为双向网络状传递，流量从线下向线上、从 PC 向移动端转移。在这种情况下，广告营销的内涵、逻辑、模式等发生了重大转变。

数字化广告被定义为以数字媒体或者说是流媒体为广告内容载体的广告形式。考虑到数字媒体层出不穷，其内涵及用法会越来越丰富。得益于智能手机、4G 通信及移动互联网的快速推广普及，数字化广告具有了较强的互动性，不再仅是营销人员王婆卖瓜式的硬性推广，目标受众也能够向企业实时提供反馈。

GPS、物联网、大数据、云计算等技术的发展，使广告投放效果可以被实时监测，营销从业者通过引入点击量、转载量、评论量等量化指标，初步建立了相对完善的数字化广告考核体系。

在数字化时代，人们的时间与精力被过度分散，有太多的媒介渠道可以获取各类信息，购物消费变得越来越个性化、移动化、碎片化。信息过载导致营销人员将广告信息传播至目标受众的难度与成本大幅增长，日趋白热化的同质竞争与媒介泛中心化，导致企业不能像传统媒体时代一样通过垄断性的传播渠道实现大规模推广。而大数据广告的出现，为解决这些问题提供了有效途径。

凭借精准投放、优化用户体验等优势，大数据广告实现了快速崛起，它能够让营销人员通过深入分析目标受众的社交、电商、浏览、出行、搜索等多元数据，描绘立体化的用户画像，针对不同用户的需求特性，推送其感兴趣的内容，实现定制推广。同时，还能让营销人员对投放效果进行实时监测，及时对投放策略做出调整，在确保达成预期营销效果的同时，给目标受众带来更为良好的用户体验。

近年来，移动广告受到了国内外企业的青睐，催生了"支付宝集五福""微信春节红包"等移动广告经典案例。本质上，移动广告的崛起是流量从线下向线上、从 PC 向移动端转移的必然结果。

在移动广告产业中，移动营销公司、网络广告商、传统广告公司、广告代理商、掌握海量流量及数据的互联网企业等成为广告主体；目标受众由精准人群取代大众人群，营销越来越精细化；基于安装在智能手机、平板电脑等移动终端的搜索、电商、社交、阅读、出行等各类 App 实现跨屏联合营销等。

在内容经济崛起、用户体验被高度重视等多重因素的作用
下，原生广告的价值得到充分体现，以用户为导向的原生广告
实现了"内容即广告，广告即内容"。目标受众在获取有价值
的内容的同时，企业可以悄无声息地影响其行为及决策，刺激
其冲动购买，引发其在社交圈内对产品及品牌进行口碑传播等。

在数字化时代，程序化购买广告的崛起，使广告主从以往
购买广告位转变为直接购买流量。今日头条等掌握海量流量的
平台通过分析用户数据，实现对动态变化的消费需求的实时追
踪，然后利用智能算法将用户和能够满足其需求的广告主匹配，
提供最高竞价的广告主将获得向该用户推送广告内容的机会，
从而实现了用户、广告主及平台的多方共赢。

近几年，由于传播形式单一、广告内容同质化、环境融合性较
差等问题，国内传统户外广告产业陷入发展困境。而随着"互联网+"
的不断渗透，传统户外广告也通过转型升级成为数字化广告产业的
重要组成部分。在出行、餐饮、教育等诸多领域，"互联网+"
的强大颠覆力已经得到充分验证，其与户外广告业的融合让从
业者充满了期待。除了引入二维码扫描、冷光源材料显示播放
技术等对户外广告的软硬件基础设施进行升级外，还通过内容、
展示形式、传播载体与模式的创新推动产业的裂变发展。

在数字化时代，我们在为广告产业迎来的前所未有的重大发
展机遇感到兴奋的同时，也应该认识到推动数字化广告产业发展

并走向成熟绝非一件简单的事情，不仅要面临技术壁垒、硬件滞后、创新能力缺失等诸多痛点。很多营销从业者仍在固守传统思维模式，以产品及企业为中心，高频率地向消费者硬性推广同质内容，根本没有深入分析数字化广告的内涵、逻辑、模式及方法。

作为数字化广告的观察者、研究者及实践者，我们在对多年的思考与分析进行深入总结，并结合大量实践案例与自身从业经验的基础上创作了《数字化广告运营：智能营销时代的精准投放法则》一书，冀望能够给营销从业者、品牌商、内容平台、传统广告商、新媒体从业者等提供一些指导与帮助。

本书共分为数字化浪潮下的广告营销新变革、大数据广告、移动广告、原生广告、程序化购买广告、数字媒体时代的广告精准投放、"互联网+"户外广告7个部分，对数字化时代背景下的媒介环境变革、传播特征及逻辑，数字化广告的内涵、切入点选择、裂变策略、商业模式等进行全面阐述，为创业者及企业提供了一条掘金数字化广告风口的有效路径。

从诸多实践经验来看，企业布局数字化广告，不能仅是简单地开通公众号，引入新技术、新设备，成立独立的数字化广告部门等，更要从思维模式与战略规划高度做出调整，将数字化广告作为一项实现企业基业长青的长期战略，积极学习数字化广告的相关知识，从实践案例中总结经验与教训，通过创新与竞争对手实现差异化，使企业在激烈而残酷的市场竞争中成功突围。

目　录

第1章　数字化广告：数字化时代的广告传播

第4章 原生广告: 内容经济下的创意广告实战

第 5 章　程序化购买：开启数字营销下一个风口

第 **1** 章

数字化广告：
数字化时代的广告传播

1.1 数字化浪潮下的广告营销新变革

1.1.1 数字化广告营销时代的来临

在数字化时代，广告营销环境在两个方面发生了深刻变革，**一是广告媒介环境，二是受众接触媒体习惯。**

广告媒介环境方面的变化主要表现在两个方面：一方面，传统媒体（电视、广播等）的数量大幅增长，新媒体（智能手机、移动电视等）不断涌现，使传播效果，尤其是传统媒体的传播效果不断减弱；另一方面，媒体从大众化朝分众化方向演变，媒介信息传播模式也从单向传播朝互动传播发展。

受众接触媒介习惯方面的变化主要表现为人们获取信息的核心渠道发生了较大改变，从传统渠道逐渐转移到了新媒体渠道。为了在有限的时间内获取大量信息，受众不再只关注某一单一媒体，开始在多个媒体间频繁转换。

受这两大变化的影响，营销人员要在广告传播模式方面投入更多的关注，对数字化时代的广告传播进行全新思考。

近年来，营销广告界大大小小的峰会无一不是围绕"数字化时代的品牌沟通""数字营销革命""数字化时代的广告传播"等主题开展的，通过这些会议，我们可以获悉两条重要信息：

第一，数字媒体革命正在席卷全球，在这场数字革命中，我国不仅没有落后，还在某些领域占据了领先地位；

第二，在这场营销革命中，百度、谷歌、腾讯等互联网公司、数据分析公司是引领者，甚至有些媒体预言，麦迪逊大街将失去广告业中心的地位，硅谷将成为新的广告业中心。

总而言之，在数字化时代，传统广告公司的生存空间正在被挤占，营销界、广告界的竞争变得越来越激烈，越来越多元化。

下面我们从戛纳广告节近年来表现出来的几大特点，对全球广告业的发展趋势进行探究。

超广告的品牌传播。 戛纳广告节改名为"创意节"，这是前所未有之事。而戛纳广告节改名的原因正是品牌传播服务范围的大幅拓展，其范围从广告领域延伸到公关、设计等更广阔的领域。

创意要求更加实效。 戛纳广告节迎来了如强生、联合利华、宝洁之类的广告大客户，增设了一个创意实效大奖，说明广告创意必须与品牌实战紧密结合，必须具有实效性，而不只是"精彩""好看"。

数字与技术深入媒体。在戛纳广告节上，几乎所有的参赛作品都能看到数字的身影，因此，有人认为，戛纳广告节可以取消数字创意奖这个奖项。

通过戛纳广告节，我们看到了行业变革的紧迫性，通过日本电通的发展，我们对广告的传统认识取得了重大突破。日本电通有多重身份：品牌管家、日本政府与社会的设计师、智囊团等。在我国，广告行业也拥有巨大的纵向拓展空间。

随着数字新媒体的出现，传统的"入侵式"广告模式逐渐被抛弃，是否观看广告在很大程度上取决于观众的意愿。长期数据跟踪显示，自进入网购时代以来，消费者的品牌决策、购买行为发生了巨大改变。受媒介与受众双重变革的影响，传统的广告营销模式正在失去其应有的效用。

随着数字化浪潮的来临，广告营销行业正在经历结构性变革，传统的广告公司要想有条不紊地应对这场变革，就必须重新定位，明确变革方向。

根据历史发展经验，传统领域变革往往会衍生重要的历史转折点。现如今，在技术的作用下，整个广告行业都在发生翻天覆地的变化，从传统媒体（电视、广播等）到新媒体（智能手机、社交网络、数字电视等），广告营销平台或广告载体也在发生深刻的变革，整个时代呈现严重的"碎片化"特征。

业内人士认为，复杂多变的经济环境，再加上数字化浪潮的冲击，无论是有百年发展历史的全球广告业，还是经过了三十多年发展的中国广告业，都进入了一个非常重要的变革期。这场变革对广告进行了重新定位，如果广告人不能充分认识这种再定位，就无法对当下的广告做出准确的理解。对于广告创意、广告研究、广告业务来说，这种理解至关重要。因此，无论是在广告人的心目中，还是在现实生活中，广告都必须重新定位。

1.1.2　数字化时代的广告传播变革

数字化对整个媒介生态系统的各个环节都产生了深远影响，从广告主体、广告客体、广告信息、广告媒体等各个方面对广告传播产生了影响。数字化使传统的广告空间和媒介界限变得越来越模糊。

总体来看，广告的传播方式正在随广告媒介传播与消费者接触媒介方式的变化而变化，表现出从传播形态朝媒介融合形态转变的特点，应对这种转变的较好方法就是将多样化的广告手段与融合化的沟通方式结合起来。未来，广告传播必将表现出新的特征与发展趋势，如图 1-1 所示。

◆ 从单一媒介到多终端融合

媒介终端融合表示内容传播不再受媒介形态的制约，受众获取内容的渠道越来越多，对于某一媒介上的内容，受众可任意选择一个终端来获取。例如，受众可在手机、电脑、电视等媒介终端中任意选择一个观看视频，对于受众的选择，内容传播者无从知晓。这就表示，媒体正在以各种方式朝终端化方向发展。

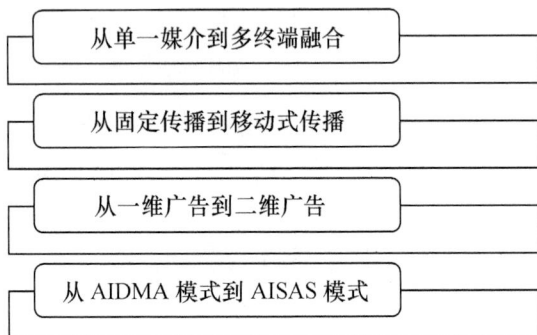

从单一媒介到多终端融合

从固定传播到移动式传播

从一维广告到二维广告

从 AIDMA 模式到 AISAS 模式

图 1-1 数字化时代的广告传播变革

受媒介终端不断融合的影响，媒体变得更加分众化，消费者接触媒介的方式、购物方式变得越来越多样化。例如，在购物方式方面，消费者可以选择手机端购物，也可以选择 PC 端购物。在这个过程中，新旧媒体捆绑营销很常见，但单纯的户外广告传播信息有限，容易造成购买延误，为了解决这个问题，传播人员将户外媒体与手机终端捆绑并开展营销，让消费者可以方便、快捷地了解产品信息，完成购买。

选择媒介需要对媒介种类、使用频率、使用时间等方面进行系统的考虑，需要根据表达方式、传播内容等将广告信息与属性相符的媒介终端融合，也就是"融合性传播"，也可称为"融合营销传播"。在这个过程中，无论是媒介使用，还是信息内容都实现了交叉融合，与传统的"整合式营销"有明显区别。

CTR 媒介智讯的广告主研究显示，因终端推广易于形成创意推广，所以终端推广这种广告推广方式越来越受广告主的喜爱。

◆ 从固定传播到移动式传播

Zenith Media 研究表明，2017 年移动互联网流量在互联网流量中的占比达到 75%，远远超出 2016 年的 68%，说明智能手机与平板电脑的使用量继续增长。2017 年第三财季，苹果手机销量达到了 4573.4 万部，iPad 销量达到了 1093.1 万台。在数字化时代，借助智能手机与平板电脑，受众无须考虑时空限制，可任意接触媒介。

以手机为例，作为第五媒体，手机拥有很多优势，如关注度高、能实现有效转化、互动性强等，为品牌营销提供了一个良好的环境。另外，通过各种各样的手机 App 应用软件，品牌与消费者能实现有效连接，消费者可以通过下载品牌 App 获取品牌的最新资讯。所以，品牌借助手机媒体可以开展更加精准的移动营销，这是品牌企业营销的新方向。

移动营销打破了广告投放的时空限制，品牌可以在任意时间和地点投放广告，在这种情况下，迎合受众出现时间、出现地点的精准定位广告投放将成为趋势。广告可根据内容投放，也可根据受众定位投放，前者有视频贴片广告、植入式广告，后者有利于用蓝牙广告机投放广告等。

◆ 从一维广告到二维广告

传统的广告营销模式是媒介单方面告知，受众只能单方面地接收广告内容，无法与之交流、互动。在数字化时代，受众可与广告进行二维互动，也可作为活动主角或内容主角参与到广告中。以娱乐参与为基础，受众可以深入地对产品或服务进行体验，引发情感共鸣，形成深度沟通。

在此模式下，广告主要制作创意广告，以富有创意的画面、文字吸引受众，引导其主动传播。例如，通过分众传媒的互动广告机，用户可以用刷 Q 卡的方式获取优惠信息，这增强了户外媒体的互动性与便捷性；手机媒体可利用二维码传播广告，"维多利亚的秘密"就曾借此方式开展户外广告活动；利用网络制作的广告创意感十足，可通过游戏植入，如中粮集团将广告植入开心网游戏，开展创意性的广告活动，还借视频开展互动传播等。

对这种广告传播来说，消费者掌握了自主选择权，能与广告方交流、互动，一方面降低了营销成本，另一方面拓展了广告的创意空间，客户定位更加精准，消费者的个性化需求得到了极大的满足。另外，这种广告传播方式最大的价值就是形成了巨大的数据库，积累了丰富的、价值极高的营销数据资源。

营销模式的改变与升级对广告主熟悉媒体特性、把握消费者心理的能力提出了巨大的考验。所以，在数字化背景下，要想提升广告传播的有效性，广告主就必须有效地掌控媒体，读懂消费者的内心，否则广告一经出现就会迅速被淹没。

◆ 从 AIDMA 模式到 AISAS 模式

进入互联网时代以来，无论是人们的生活方式，还是广告传播环境都发生了巨大的改变，受这些变化的影响，消费者的购物过程也有所改变。

AIDMA 模式是指传统的消费者行为模式，具体来说就是以广告资讯引发消费者的注意（Attention），让消费者产生兴趣（Interest），进而产生需求与欲望（Desire），在脑海中形成记忆（Memory），最后产生购买行为（Action）。 AIDMA 法则主要用在传统的大众传播环境，人们主要通过报纸、杂志、电视、广播等媒介获取信息。这几大媒介的互动性比较差，受众无法按照自己的兴趣搜索信息，只能被动地接收信息。

在信息时代，信息获取渠道越来越多，信息量越来越大，受众的注意力反而成了一种稀缺资源，吸引受众的注意力成为一件困难之事，让受众产生记忆更是难上加难。并且，面对海量的广告信息，受众会产生严重的视觉疲劳。所以在当今的信息传播环境下，AIDMA 表现出很强的不适应性。

为了应对信息传播环境的变化，广告模式应从 AIDMA 模式转向 AISAS 模式。具体来说，**AISAS 模式就是以创意吸引受众的注意（Attention），以创意的互动性引发受众的兴趣（Interest），**

让受众主动搜索所需信息（Search），充分了解品牌信息之后产生参与行为或购买行为（Action），最后将消费体验分享出去（Share），形成口碑传播。

AIDMA 模式与 AISAS 模式的区别主要表现为，AISAS 模式中的分享环节并不代表消费者行为的结束。通过分享形成口碑传播将对更多消费者的购买行为产生影响，这是一个循环过程。

AISAS 模式与 AIDMA 模式会催生两种截然不同的广告形式。其中，AIDMA 模式注重营销手段的应用，强调强化产品形象，在让用户产生购买意愿的同时立即产生购买行为，由于广告重复传播，易引发受众的反感。AISAS 模式注重用户的参与和互动，倡导让用户主动产生购买意愿，从主动搜索到主动分享，从而形成口碑传播，对更多消费者产生影响。

1.1.3 由单向灌输向双向互动转变

在数字传播时代，广告从业者需要在明确自身传播目的的基础上，采取有效措施增强广告效果，这也是许多广告企业关注的重点。为此，有必要对数字技术在传播领域的应用及其影响进行分析。

关于数字技术在电视方面的应用，许多国家在积极实施将"模拟信号"电视转换成"数字信号"电视的改革。网络媒体的发展离不开数字化技术的支撑，如今，4G 得到普遍应用，手机等智能移动终端的应用进一步扩大了数字技术的覆盖范围。

未来，数字化技术的发展水平将不断提高，其在传播领域的应用能够实现电视媒体、通信设备与网络的无缝连接，用户能够通过电视媒体观看画质优良的视频，利用遥控器找到符合自身兴趣的内容，还能够进行视频剪切，完成对特定内容的存储。届时，数字电视媒体能够将通信、影视、娱乐等功能集于一身。

立足于传播学的角度分析，尽管传统媒体时代注重提高受众地位，但因为技术水平较低，掌握主动权的依然是传播者。如今，数字技术的发展及应用扭转了受众处于被动地位的局面，用户利用终端设备，能够对信息的内容进行筛选。我们对现阶段下的数字化发展情况及其发展趋势进行分析可知，未来的付费内容将会增加，受众的选择将对媒体发展产生更大的影响。

传统模式下，很多媒体依赖广告得以生存，随着互联网时代的发展，人们在进行内容消费时，更加注重整个体验过程，而过多的广告会对用户造成干扰。另外，当数字媒体得到广泛应用时，用户在传统模式中的媒体使用习惯已发生变化，"碎片化"逐渐成为新常态。利用零散的时间，用户能够通过数字媒体满足自己对各类信息的需求，且不受时间与空间因素的限制。

可以肯定的是，广告主进行广告投放是为了促进产品销售。然而广告效果与产品销售量并不是直接挂钩的，在这种情况下，企业将广告对用户的触达率作为其效果评估标准。由于传统广告只能单向地传递信息，上述评估方式的确可以作为企业的重要参考。但是，在数字传播时代，传统方式已经不再适用。**数字传播技术将以往的"单向传播"转变成"双向互动"，在传递信息的同时，能够体现受众在传播过程中的作用。**

以电视节目为例，在营销人员通过电视媒体发布广告信息的过程中，受众能够根据自身所需对节目内容进行自由选择，并即刻做出响应，这种传播方式具有明显的交互性特点。以手机为媒介载体开展的直效营销（Direct Marketing）活动，可以充分利用手机的通信功能，完成传播方与受众之间的即时互动。

值得关注的是，在互联网时代，越来越多的营销者把搜索引擎作为数字广告的传播载体，并利用网络平台的优势与受众进行"双向互动"。通过媒体平台发布广告信息，要实现双方之间的有效互动，就要改革传统模式中的单向信息传递方式，选择恰当的时机，发布符合目标受众需求的信息，获得受众对信息的关注及反馈，从而达到理想的传播效果。

1.1.4　互动广告传播的特征与渠道

◆ 数字传播时代广告的互动性表现

（1）信息传播者与受众之间能够实现即时互动，改变传统"单向互动"的模式

营销主体通过实现即时互动能充分了解目标受众的需求变

化，对传统模式下强硬的信息灌输方式进行改革，与受众之间
展开顺畅的双向沟通，避免对消费者造成干扰，进而提升信息
传播的效果。

（2）根据消费者的需求呈现广告信息

营销主体需要采用多元化的方式，包括文字、图片、音视
频等，通过数字媒体呈现信息，方便消费者查询信息，如同消
费者在超市挑选自身所需的产品。广告的内涵不仅局限于以宣
传作品的形式展现产品及企业理念，还能起到连接传播者与受
众群体的作用。

（3）通过"一对一"的营销推广，满足消费者的个性化需求

如果广告主能够根据消费者的实际需求实施产品营销，就
能为其提供个性化的服务。例如，部分购物网站利用 3D 技术，
为消费者提供网络虚拟试衣间服务，这样的推广方式也是一种
广告，但能够为消费者呈现服装产品的上身效果，贴近消费者
的需求。另外，企业在开展营销活动的过程中，不妨提高受众
的参与度，逐步形成口碑效应，扩大信息传播范围。

（4）利用媒体减少企业与受众之间的中间环节

通常情况下，通过数字媒体查询产品或服务信息的受众已
有清晰的需求，这类受众会通过查看广告信息，决定是否购买
此产品，在做出消费决策后直接通过线上平台或电话下单。而
这种直接的互动方式能够减少企业与受众之间的中间环节，有

效降低销售成本,最终让利于消费者。

◆ **实现互动广告的媒体渠道**

媒体渠道的情况如图1-2所示。

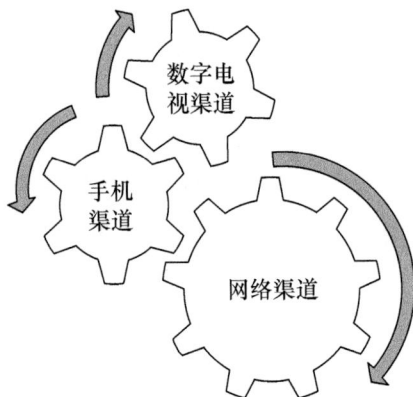

图1-2 实现互动广告的媒体渠道

(1)**网络渠道**

现如今,越来越多的广告主通过网络平台传播信息,原因在于,区别于传统广告只能实现单向信息传递,网络传播能够使企业与目标受众之间进行双向沟通。

网络传播具有以下特征:能够实现信息的大范围触达,不受时空因素的束缚,形式丰富,信息全面,精准性高,互动性强,能够减少营销成本。基于上述特征,无论哪种形式的广告,如网站页面的横幅广告、弹出广告、链接广告或者邮件广告等,在呈现给目标受众之后,只要能够吸引他们,就能促使他们在链接引导下登录企业的网站，了解企业及其产品更多的相关信息，并利用网络平台与广告主进行有效互动。

（2）**手机渠道**

全球移动通信系统协会（GSMA）的调查结果显示，2017年，全球手机用户人数达 50 亿以上。到 2020 年，这个数据将增加到 57 亿，在世界总人口中占 75%。与此同时，智能移动终端应用与互联网应用之间逐步实现了无缝对接，随着发展，越来越多的企业将实现无线营销与网络营销的结合。

中国电子通信行业即将步入 5G 时代，手机网速进一步提高。从广告主的角度分析，实现品牌及商品信息的有效传达是其推广目的；从受众的角度来分析，所有用户都希望能够接收符合自身需求的信息。因此，5G 时代的手机广告能够有效提高企业与消费者之间的互动性。

（3）**数字电视渠道**

在网络传播发展的带动下，电视渠道的信息传播也将更加注重互动性。企业将在电视渠道推出多样化的购物节目，并将营销推广信息融入其中，供受众根据自身需求自由选择，进一步刺激其消费欲望。

不同于传统电视媒体，数字电视的信息传播方式能够更好地对接观众的个性化需求，如果仍然采用传统的广告插播方式，容易引起观众的反感。相比之下，嵌入式广告能够与电影或电视剧的剧情融为一体，避免观众产生抵触心理，从而实现信息的广泛触达，并在不知不觉中达到品牌推广的目的。

1.1.5　企业数字化广告的实战策略

随着数字化时代的到来，广告界出现了很多经典的新旧媒体营销案例。以曾经红极一时的凡客为例，凡客对新媒体营销非常熟悉，经常创造一些创意性的广告营销事件。例如，"凡客体"营销借论坛引发 PS 热潮，同时与线下户外公交路牌广告相结合将广告的传播力聚合在一起，成功完成了品牌形象的塑造。这些互联网企业非常擅长使用各种媒介开展广告营销，并因此取得了良好的营销成绩。

但是，如今，我国的传媒业尚未成熟，还需继续向前发展。媒介融合催生了很多新的媒介形态，受众的注意力日渐分散，成为分众。在网络互动沟通平台与开放的社会系统中，社会单元之间的连接更加丰富、多元，互联网的"蝴蝶效应"得以有效显现。在此情况下，偶然事件很有可能发展为大规模的群体性事件，随时可能对企业产生威胁。企业数字化广告的实践策略有 4 条，如图 1-3 所示。

◆ 广告营销者应成为新媒体专家

"媒介就是信息"，因此在这场新的信息传播革命中，人们应将关注点放在媒介本身，而不是其承载的内容上。与内容相比，媒介本身的意义更大。如今，新媒体正在迅猛发展，新的广告传播形式不断出现，如微电影营销广告、电子书植入广告等，同时，新媒体产品也在不断更新。在这种形势下，新浪微博推出了企业版，在开发自身盈利模式的同时，也为企业提供了一个更有创意、更个性化的平台开展营销活动。

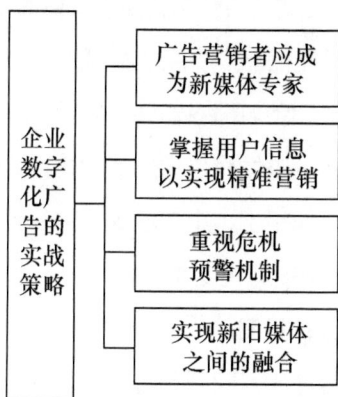

图 1-3　企业数字化广告的实战策略

◆ **掌握用户信息以实现精准营销**

传统广告单向传播，以覆盖范围的不断扩展提升传播效果，这是一种非常粗放的广告传播方式，无法对受众进行细分，50%以上的广告费用被浪费，无法达到预期的广告传播效果。在这种情况下，精准的广告传播吸引了人们的广泛关注。

在数字化时代，通过跟踪系统及庞大的数据库系统，广告主能将用户信息、用户浏览记录、用户消费信息等信息记录下来，针对目标客户群体精准地发布广告。也就是说，利用互联网技术，广告营销人员能深入了解消费者的需求与兴趣，能根据消费者的需求制作营销信息，能利用现代化信息技术将这些符合消费者需求的信息精准地传达给消费者，这就是精准营销。简单来说，**精准营销就是在合适的时间、地点，借助合适的渠道，以合适的价格将合适的广告信息传播给合适的顾客。**

精准营销不仅能提升广告主的满意度，还能让消费者享受个性化的消费体验。传统广告模式的核心原则就是"广而告之"，基本法则是借助各种媒体将信息广泛地传播给受众。在数字化时代，在互联网的作用下，用户不仅能进行便捷的沟通，还能将品牌在用户中的深度营销变成现实。

◆ 重视危机预警机制

在实现快速传播的互联网环境中，即便一个非常小的网络事件，如果迎合了某个时事热点，也能迅速引爆，实现大范围传播。对企业来说，该特点是一把双刃剑，如果使用合理就能以最小的成本取得最佳的传播效果。

但是，如果使用失当，就会使一个很小的危机事件演变成一个重大的新闻事件，产生不可预知的不良后果。

在数字化时代，企业要建立危机预警机制，做好网络舆情监测，及时、科学地应对危机事件，做好"信息冷却"。信息冷却有两种，**一种是自然冷却，一种是主动冷却。自然冷却是指**

让信息自然而然地消失；主动冷却是通过人为干预让信息沉寂下来，甚至将负面影响转化为积极影响。例如，网络公关公司采用各种方法通过对网络信息传播路径的干预弱化信息的关注度。当然，应对这些危机事件最好的方法还是企业做好自我管理，从根源上杜绝这些事件发生。

◆ 实现新旧媒体之间的融合

从广告市场的角度来看，随着媒介融合，虽然新媒体抢占了传统媒体的市场份额，但新媒体广告无法完全取代传统媒体广告，两者之间虽存在激烈的竞争，却也互为补充。相反，以新浪微博、京东商城为代表的互联网品牌在新媒体广告方面的投入达到一定限度后，就要转投传统媒体。例如，新浪微博域名正式启用的宣传活动就把报纸作为主要的宣传阵地；京东商城不仅在电视剧中植入广告，还在"非诚勿扰"等节目上投放了大量广告。

从目前的情况来看，新媒体广告确实在迅速增长，但从整个传媒生态环境来看，传统媒体广告依然拥有一定规模的、坚实的市场空间，能有效应对新媒体的挑战，并在这个过程中创新了经营模式，构建了全新的核心优势。未来，在一定时期内，新旧媒体将处于相互配合、互为补充、共同发展的状态。

在数字化时代，人们的生活方式与信息接收方式发生了很大的变化，这是一个"得顾客心者得天下"的时代。随着媒体与消费者关系的改变，在数字化的驱动下，广告传播与营销实现了持续发展。随着消费者的自主权越来越高，企业必须对消费者心理与需求进行深入挖掘，利用创意内容引导消费者参与、分享。另外，借助数字化媒体，企业能对广告效果进行实时测量，去除陈旧的、无效的内容，实现实时更新。

总而言之，在数字化时代，企业要想取得较好的广告传播效果，就必须高瞻远瞩，进行有竞争力的系统策划，了解各种数字媒体渠道及其中的关键与细节，以保证广告的传播效果与营销活动的效能。

1.2 多屏时代的广告投放与整合营销

1.2.1 多屏融合环境下的广告营销

电视、电脑、车载终端设备、LED 屏、随处可见的户外屏，再加上智能手机的广泛普及，推动社会进入一个多屏时代，并由此引发了媒体通路和传播结构的颠覆性变革：注意力碎片化、需求波动化和内容饱和化。这些变化为广告营销带来了新的挑战，推动品牌营销从单一的媒体广告投放转向跨屏互动整合营销。

当前，信息传播不再局限于单一载体，而是越来越趋向多终端的呈现形式，从而模糊甚至消除了传统营销与数字营销的明确界限：屏幕间的距离不断缩小，传统广告与数字广告更多地表现为差异化融合而非对立竞争。例如，湖南卫视推出网络播放平台芒果 TV、央视春晚节目中的"微信抢红包"活动等，充分体现了新旧媒体的融合趋势。

在泛网络化和数据化的多屏时代，电视屏、电脑屏、户外屏、手机屏等逐渐被整合进互联网多屏投放生态圈，每种媒体都能够在这个多屏生态圈中找到自己的位置、发挥独特的价值，并通过与其他媒体的融合互补实现营销互动等各方面的延伸。由此，传统媒体与新媒体不是对立性的"零和博弈"关系，而是彼此融合，共同为用户创造更为优质的媒体体验。

信息的极度丰富和快速更新以及信息获取方式的多元化，导致用户的注意力越来越呈现碎片化特质：**用户目光越来越难以长时间聚焦在一个屏幕上，总是会被其他屏幕新的信息吸引。**在多屏时代，广告主应积极转变广告投放策略，从围绕特定屏幕、以"零散化"媒体为核心的模式转向围绕目标消费者、以获取受众"整体化"注意力为核心的投放策略。

具体来看，以往广告营销的核心是媒体：**媒体的目标受众越多，广告传播效果越好，广告主也越青睐该媒体；至于广告投放的时间、位置等是预先固定的，同时广告传播的效率和效果也可以提前预测。**这种情况下，广告投放本身只是一个动作，并没有多少想象空间，吸引受众注意力的关键因素是广告创意和画面的视觉冲击效果。

与此不同，多屏时代的受众已不会长久停留在单一媒体中，而是不断游移于不同媒体平台寻找感兴趣的信息，导致人们很难确定哪种媒体的覆盖范围最广、媒体效果最好。这种情况下，广告投放策略变得越来越重要：**人群定向策略、时间定向策略、**

地域定向策略、媒体选择策略等不再是预先固定的，需要广告主通过多终端、碎片化的用户大数据的采集分析，将用户注意力"化零为整"，实现精准用户画像，进而据此制定最佳的投放策略。

1.2.2　碎片化时代的广告投放策略

随着智能家居时代的到来，PC 端、移动端和家庭电视越来越紧密地联系起来，人们可以随时随地通过手机或平板电脑遥控电视，实现多屏互动。由此，当消费者在电视广告中看到感兴趣的商品时，便可以立刻拿起手机下单订购，从而极大缩短了产品从广告宣传到销售变现的周期，获得立竿见影的广告营销效果。

不过，这个过程中的用户动作复杂，消费需求围绕兴趣上下波动，具有较大的随机性，难以准确预测。这种情况下，广告主或营销服务提供商必须借助大数据技术深度挖掘并分析用户的各种消费行为数据，对用户进行精准画像，全面、准确地把握受众的需求波动情况，进而有针对性地调度广告，提升广告营销的效率与效果。

泰一指尚（AdTime）是国内领先的数字广告营销服务商，在"以用户为中心"理念的指引下，依托多维度聚合广告发布与精准数据分析技术，不仅全面掌握了用户的长期行为习惯，还实现了精准洞察用户的需求波动情况，从而解决了多屏时代广告营销过程中用户需求随机性强而难以把握的痛点。

　　具体来看，为及时、精准定位用户的即时需求，泰一指尚创造性地提出了"时间即需求、沟通即获需求"的Time Marketing营销理念：实时监测并收集媒体数据与行业数据，对每个媒体位置的转换进行动态检测，综合考虑媒体、广告位流量、关注、点击、转化等多种因素的变化情况，进而从目标受众的即时需求出发进行有针对性的广告调度。同时，当某一阶段的广告传播效果不佳时，系统会自动分析影响广告效果的因素并及时调整优化。

　　当前，各屏幕均呈现内容饱和化的态势。因此，不论是品牌广告主还是内容生产者，都在不断探索更有效的手段保证自己好的内容或创意能够从信息海洋中脱颖而出，成功吸引受众。

　　随着移动互联网整体生态的优化成熟，以智能手机为代表的移动屏将成为广告营销最有力的支撑点：**不仅能够支撑互动内容的 O2O 拓展，还可以通过多屏联动为用户带来更好的互动体验。**

　　同时，O2O 等商业模式的发展成熟也为内容互动开拓了更多新思路，如手机中的 H5 小游戏、众筹、发红包等移动屏互动新方法会推动内容互动提升到一个新层次，从而为品牌互动营销奠定坚实的基础。

作为国内智能数字广告营销领导企业，AdTime 认为好的互动内容大多源于依托手机屏等搭建的具有驱动性的营销情境。这些营销情境从情绪、环境、营销、时间、物质和互动因子 6 个维度不断强化广告营销内容的互动性，激发受众的参与互动欲望。

就 AdTime 而言，主要是依托专业的社会化媒体行为分析营销平台进行跨屏幕、跨媒体互动，并借助趣味性 / 娱乐化（Interesting）、利他性 / 价值性（Interests）、创新性 / 思想性（Innovation）、互动性 / 共鸣性（Interactive）、及时性（Instant）、整合性（Integration）等组合创意有效地吸引用户，构建可以深度激发广告受众互动意愿的消费情境，提升广告营销的传播效果。

"互联网 +"的深化发展会越来越多地把企业和媒体整合到多屏营销生态圈中，推动传统的营销理念、投放策略、广告技术等发生颠覆性变革和跨越式发展——注意力碎片化、需求波动化、内容饱和化等对品牌广告营销提出了更高要求：**从消**

费者角度出发，依托大数据技术，构建跨屏幕、跨媒体、跨网的整合性与互动性营销，通过有料的内容和有趣的互动方法让品牌广告内容从海量信息中脱颖而出，实现最佳的广告传播效果。

1.2.3 多屏时代的整合营销新方法

随着移动互联网的广泛普及，手机与电视、电脑、平板等一起将人们带入多屏传播时代：**一方面各屏幕积极争夺用户的注意力资源；另一方面大数据技术的发展成熟使人们的各种行为变得可视化、数据化，从而为多屏互动整合营销奠定了坚实的基础。**

全球互联网巨头 Google 的相关调研显示，美国民众在媒体消费中投入的时间 90% 属于跨屏消费。因此，品牌广告营销只有实现手机、平板、电脑、电视等主要终端的跨屏互动与整合，才能获得最佳的广告传播效果。

这个结论同样适用于我国。早在 2013 年，我国就超越美国成为全球最大的智能手机使用国；随着互联网、移动互联网的快速普及，国内用户越来越青睐从不同媒体渠道获取所需信息，从而使多屏互动整合营销越来越受到广告主的关注。

总体来看，品牌可以从以下几点发力做好多屏营销，提升广告传播效率与效果，如图 1-4 所示。

多屏策划：以消费者研究为基础

准确评估每块屏幕的价值及扮演角色

实现不同屏幕间的整合与互动

借助大数据技术实现精准投放

创造性地利用新屏幕，尝试突破性营销

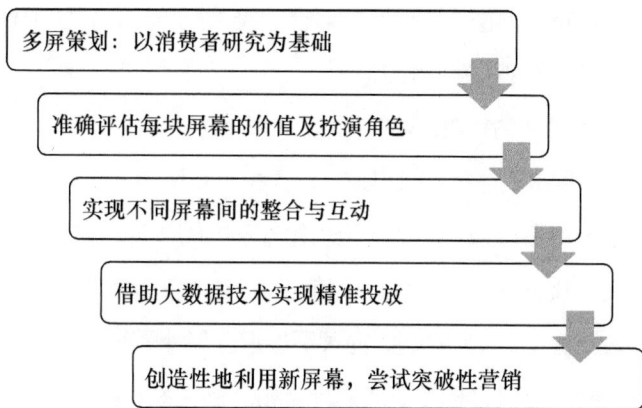

图 1-4　多屏时代的整合营销策略

◆ 多屏策划：以消费者研究为基础

在数字媒体时代，各种新媒体、新技术的不断涌现，推动了品牌广告营销理论的创新变革。然而，不论具体的营销理论、广告技术、传播策略等如何变化，"以消费者为中心、精准定位受众需求"的内在逻辑都不会变，这是多屏时代互动整合营销的出发点和落脚点：**从消费者需求出发，明确不同屏幕的传播优势和独特价值，进而通过多屏优势互补为消费者创造最优体验，提升品牌广告营销效果。**

多屏互动整合营销需要品牌营销人员突破单一媒体传播的思维框架，树立跨屏幕、跨媒体、跨网的广告营销理念；深刻理解数字媒体时代"以消费者为中心"的核心价值，全面把握受众需求，了解用户在不同终端设备、不同屏幕的行为方式，实现用户精准画像，进而有针对性地投放品牌广告，实现精准营销、互动营销、整合营销。

◆ 准确评估每块屏幕的价值及扮演角色

不同屏幕的媒体接触渠道、广告技术和传播方式有所差异，对受众的消费行为、消费决策也起着不同的作用，在多屏营销生态圈中具有不同的角色与价值定位。因此，品牌在制定多屏互动整合营销媒体策略时，必须明确定位每种屏幕的角色价值，了解不同屏幕对目标受众消费行为和消费决策的影响力，进而从消费者需求出发，根据不同屏幕特性进行跨屏整合营销，通过多屏优势互补实现更好的传播效果。

◆ 实现不同屏幕间的整合与互动

多屏营销的魅力主要体现在整合性与互动性上：在多屏营销生态圈中，每块屏幕、每次营销都不是孤立存在的，需要与其他屏幕的营销信息保持一致和互动。因此，品牌营销不能局限在单一屏幕的广告内容上，而要通过多种创新方法，实现不同屏幕间的互动，最终让用户在多屏互动中获得鲜明、深刻的品牌形象，实现最优的传播效果。我们需要注意的是，在多屏互动整合营销中，不同屏幕中的品牌信息和形象必须保持连贯与一致，并根据目标受众在不同屏幕中投入的时间合理安排各屏幕的广告内容和支出。

◆ 借助大数据技术实现精准投放

多屏互动整合营销的基础是洞察消费者的需求、实现目标受众精准画像，这显然离不开大数据技术的有力支撑。品牌营销人员应及时、有效地采集不同媒体平台中的用户消费行为数据，构建跨媒体的同源消费者大数据库，实现多屏互动整合，为跨屏消费行为研究提供数据支撑；建立并不断优化跨媒体、跨屏幕的广告营销效果评估体系，实现合理且精准的媒体广告投放。

◆ **创造性地利用新屏幕，尝试突破性营销**

科学技术的不断发展带来了各种新屏幕，如智能手表、谷歌 VR 眼镜等，这些创新性屏幕通过提供新颖、独特的体验吸引了消费者。因此，品牌营销人员应积极将这些新屏幕整合到多屏互动营销生态圈中，充分利用新屏幕带来的营销机会并尝试突破性营销，从而有效地吸引受众、占据消费者心智，在未来的多屏互动广告营销市场中占据先机。

总体来看，多屏互动整合营销其实并没有固定模式。不同媒介、不同屏幕的角色定位与营销价值不同，屏幕间的不同排列组合会发生不同的"化学效应"，从而为品牌营销带来不同的可能性和想象空间。这要求品牌营销人员打破传统营销框架的束缚，在"以消费者需求为中心"的基本理念的引导下，不断创新跨屏互动方法，通过多屏联动吸引目标受众的注意力，提升广告营销的效果。

1.2.4 营销体验：多屏营销的关键

随着信息技术的不断发展，各类新兴科技产品纷纷涌现，产品在升级过程中能够逐步摆脱传统因素的限制，为同类产品获得飞跃式发展开拓道路，使人们形成新的消费习惯。现如今，移动互联网在普及过程中仍然受到很多限制性因素的束缚，这也是各类终端设备在发展过程中需要克服的难题。

我们要更加接近多屏时代，就要实现不同终端设备之间的连通，进而扩大移动互联网的应用范围。当下，随着台式电脑、笔记本电脑、智能手机、平板电脑、数字电视的应用逐渐普及，不同设备之间的相互配合、互相协作，逐渐拉开多屏时代的大幕。

在多屏时代，用户能够通过不同的智能终端设备接收信息，其注意力更加分散，很难像之前那样长时间只关注特定设备上的信息传播。在这种情况下，企业要更加注重在移动营销领域的布局。在多屏时代，企业还要着眼于打造用户体验，将各个终端的营销体验联系起来，使其共同服务于营销推广。

在多屏时代，智能手机在推动移动互联网普及应用方面发挥着关键作用，从这个角度来看，智能手机在发展过程中会得到更多资源的支持。在移动互联网高速发展的今天，智能手机的发展在多屏时代已经具有代表性意义。

近年来，传统营销开始在移动领域展开布局，"移动营销"随之诞生，智能手机也成为移动营销的重要载体。因此，当提及"移动营销"时，在人们脑海中出现的就是通过智能手机开展营销活动。在这种情况下，相当一部分从业者在制定移动营销战略规划时，会将所有注意力集中到智能手机上，而忽视其他终端的操作与发展。

在这样的大环境中，许多企业将电脑、手机及平板作为移动营销的主要平台，但并未实现传统 PC、笔记本电脑、智能手机、平板、数字电视及智能可穿戴设备的一体化发展，这意味着企业在移动营销方面仍然有很大的开拓空间。

互联网数据中心（Internet Data Center，IDC）的调查统计显示，我国 2017 年智能手机出货量突破 4.6 亿，市场规模达到 7405 亿元。我国的移动互联网用户数量在不断增加，与之相关的移动营销行业也将形成完整的产业链。

移动营销目前处于快速发展阶段，企业应该抓紧时间展开布局。如今，传统互联网与移动互联网之间的界限逐渐被打破，用户接收的信息量也迅速增加，为了处理更多的信息，人们在不同的场景可能选择不同的终端设备。现阶段的移动营销以智能手机为主要载体，尽管运营方致力于实现更为集中的广告传播，但至今仍未实现将不同设备融为一体的营销，互联网营销企业可以以此为切入点获得跨越式发展。

某用户在超市收银台等待结账时，正在用平板电脑浏览信息，当他前方的电视屏幕上播放的广告信息引发其兴趣时，该用户会在平板电脑上搜索相关的产品信息并查看。如果用户做出消费决策，可以在线上平台直接下单，并通过手机登录第三方支付平台或银行卡结账。用户到家后，若仍在犹豫是否买下刚才查询过的商品，在他打开智能数字电视后会接收相关的提示信息，促使用户做出最终的决策。

由此可见，在各类终端设备普遍应用的今天，应该实现整合营销，将不同设备的传播活动融为一体，但时至今日，这种营销方式仍然停留在想象层面，可作为今后移动营销领域的开发重点。移动整合营销的相关方式，如图 1-5 所示。

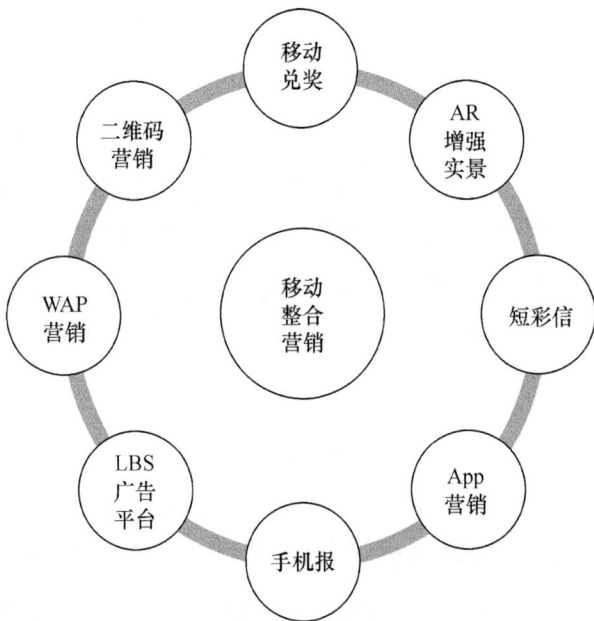

图 1-5　移动整合营销

在多屏时代，将有越来越多的企业专注于多屏移动营销的发展，并在整个行业掀起发展热潮。近年来，国内的智能手机发展迅速，移动互联网的用户规模不断壮大，为多屏营销的发展提供有力支撑。营销人员应该抓住多屏移动营销快速发展的契机，注重营销体验的提升，不断提高企业的营销效果，进而带动整个行业的发展。

1.2.5　移动广告环境中的跨屏营销

移动营销是通过移动设备，实现不同营销方式的整合应用，将企业的产品及品牌信息传达给受众，通过营销活动的开展达到企业的推广目的。

实际上，移动营销的整合在实施过程中涵盖众多方面，除了移动终端应用平台中的横幅广告、全屏广告及其他广告形式外，还包括游戏植入广告、App 推荐墙，以及移动设备应用相关的所有场景及其他因素，移动营销从业者应该充分利用移动设备，通过推出视频、音频等形式的内容与消费者进行交流互动。近年来，随着该领域的迅速发展出现了许多新的表现形式，并逐渐成为未来移动营销的重点发展方向。

◆ 电视广告与手机双屏互动

市场调研机构的统计显示，网络用户在看电视的过程中，同时使用智能手机的人在总体中达 86% 以上，在这个行为过程中，很多人会通过手机终端设备上的 QQ、微信等工具与好友互动，或者通过搜索引擎浏览信息、通过社交网站参与互动等。

广告主在通过电视渠道传播信息时，可以发挥与微博、社交平台的协同推广作用，增强信息传播效果，实现电视广告与手机之间的互动。

◆ 整合多样化形式的移动营销

除了要提高信息的曝光量与点击率，移动营销在具体的实施过程中，还要综合运用多种信息表达方式与用户展开沟通，进而达到营销目的。

"声盟"是我国第一家通过声音开展营销的新媒体广告技术及服务提供商，该平台聚焦于发挥声音在信息传播中的作用，能够将广告主的信息放置在 App 或游戏开头，用声音投放广告，在不对用户产生干扰的同时，帮助广告主达到推广目的。与其他宣传方式相比，与场景相结合的声音能够实现良好的营销效果。

语音识别技术服务公司 Nuance 与包括苹果在内的多家知名企业达成合作。该公司研发的语音广告平台 Voice Ads，使企业通过该平台能够开发出与受众进行互动的广告，在增加广告趣味性的同时，有效提升用户体验。该产品大大拓宽了广告商的发展思路，使其突破诸多因素的限制，以更加灵活的方式传播信息。微信公众号的信息推送同样是将多种信息表达方式整合起来实现的。除此之外，利用移动平台的优势，包括语音搜索、摇动、划屏等在内的互动形式，具有广阔的发展前景。

在用户应用手机或平板电脑的过程中，如果广告接二连三地出现，难免会对用户产生干扰。针对这种情况，移动广告公司 LoopMe 推出"广告收件箱"，用户可通过该按钮，把出现在应用屏幕上的广告集中放置到盒子中，将盒子移动到屏幕角落，并根据自身需求，获取盒子中的广告信息。

如今，LoopMe 公司已经与亚马逊、本田等实力型企业达成合作，并为多家移动运营商提供服务。根据统计结果，看到应用界面配置 LoopMe 收件箱按钮后，点击该按钮浏览信息的用户占总体的 5% ～ 10%，比横幅广告的点击率高出 9 倍，且受其他因素的干扰较小。用户通过点击 LoopMe 收件箱按钮，能够及时了解商家的各类优惠活动，广告主也可通过这种方式取得更加理想的营销效果。

◆ 为真正的效果付费

如何判断移动广告是否取得了应有的营销效果？为给予观众自由选择的权力，谷歌推出 TrueView In-Stream Ads 视频广告，以 YouTube 为传播平台，这种广告的独特性体现在观众在广告播放 5 秒之后，可以选择继续观看或者跳过广告进入自己选择的视频节目，如果广播播放时间未达到 30 秒，广告主则无须付费。

《连线》杂志的创始主编、《失控》的作者凯文·凯利指出，在传统媒体时代，人们主要通过文字和书籍进行文化传播。如今，各类设备的屏幕成了信息传播的主要承载者，人们更加倾向通过媒体平台获取信息，人与屏幕之间的互动关系也开始加深。

以三星 Galaxy S4 为例，这款手机能够进行人眼感应，对人眼的动作进行识别，其实验团队正致力于对用户情绪进行辨别，从而明确用户的个人偏好。实现人与设备之间的互动功能，能够有效提高营销针对性，使设备屏幕能够根据用户的喜好呈现内容。

◆ 实物奖励

移动精准营销平台 Pingcoo 致力于实现手机广告与"实物奖励"机制的融合发展，使广告信息更容易被受众接受。与传统横幅广告及插屏广告不同，游戏玩家可以在关卡界面、暂停界面，或者在领取道具时得到广告主提供的实物奖励，如活动优惠券、现场体验入场券，也有可能获得知名品牌发放的礼品等。用户可通过观看广告，参与奖品领取活动。App 运营方可通过这种方式获得更多收益，且不必担心用户流失，还能吸引更多用户参与，达到"一箭双雕"的目的。

还有一些公司运用近距离无线通信技术（Near Field Communication，NFC）进行营销布局。该技术是由索尼与飞利浦公司联合推出的，是一种非触式识别与互联网技术，能够在简便操作的基础上，实现设备之间的信息传递与数据交换。互动数字营销公司 Razorfish 推出"数字口香糖机"，用户根据提示信息投币，使用近距离无线通信技术设备进行感应，就能根据自身需求进行内容下载。另外，用户借助手机的近距离无线通信功能，可以对多种类型的 NFC 广告进行识别，并查询与获取相关信息。

1.3　数字营销环境下的互动广告传播

1.3.1　数字化互动广告传播的形式

步入数字互动时代，传统广告传播与营销发生了颠覆性变革，包括内容、形式、渠道在内的一系列营销组成要素发生了改变。传统媒体有限的内容容量与黄金广告时段，极大地增加了企业的营销成本，很难实现精准推广。而借助各种数字媒体，企业能够分析用户需求，实现实时、精准的定制推广，在提升营销效果的同时，有效改善了用户体验。

在数字互动时代，广告营销的逻辑是利用数字化技术对企业的广告营销进行改造升级，更为低成本、高效率地向目标群体传播产品及品牌信息。从传播渠道和受众群体私密程度来看，数字互动形式主要分为开放性的数字屏幕，以及私密性较强的移动终端与电脑网络。

（1）**数字屏幕**

人流量密集是数字屏幕的一大主要特征。营业厅中的电子屏，写字楼的 LED 显示屏，公交站、地铁站的电子屏，以及公交车、长途汽车内部的电子屏等是典型的数字屏幕。

（2）**移动终端**

移动终端的优势在于，它能够通过人们随身携带的智能手机、平板电脑等移动终端实时传播营销内容，而且呈现方式多元化，例如，二维码、短信、游戏、音频、照片、视频等，能够让用户获取企业的优惠打折信息，并使广大消费者方便、快捷地进行交易支付。

（3）**电脑网络**

电脑网络的数字互动广告传播方式可以分为两种类型：

第一种，营销人员主动式，营销人员通过 E-mail 广告或企业官方网站主动进行传播；

第二种，消费者主动式，消费者会在网络中获取各种信息，最为常见的就是在搜索引擎上搜索关键词，由于搜索结果的数量较多，消费者只会关注前几页（主要是 1 ~ 3 页）的内容，这就需要企业尽可能地根据目标群体的特征对关键词不断进行优化调整。

在广告泛滥的移动互联网时代，企业除了要确保广告内容符合消费者的需求外，还要尽可能地采用多元化的呈现方式，例如，横幅广告、漂浮广告、游戏广告、超链接广告、按钮广告等。与此同时，为了改善用户的阅读体验，应该避免使用冗长的纯文本广告，在文字中加入图片、音频及视频等往往能达到事半功倍的效果。

在传统媒体时代，企业在营销过程中不但要投入高额的广告成本，而且缺乏有效手段对营销方案进行考核。而在数字互动时代，技术快速的发展，为企业对营销方案进行实时监测提供了有效途径，后台系统可以实时获取用户数据、监测用户行为，从而找到用户感兴趣的内容，指导企业对营销策略进行优化调整，在控制营销成本的同时，提升营销效果。

毋庸置疑，以用户为中心是企业在数字互动时代进行广告营销的核心。营销人员需要更加接近消费者，精准分析用户需求，并为之提供定制内容，从而吸引用户阅读，甚至主动进行口碑传播。与此同时，还要借助平台提供的统计工具对营销方案不断进行优化调整，为用户带来更为优质的阅读体验。

利用数字媒体开展广告营销的一大优势在于，企业能够在互联网获取海量的用户数据，并通过对这些数据进行分析为广告营销提供有力的支撑。但由于用户数据的商业化应用，而引发的用户隐私被泄露的问题变得越来越突出，目前国内关于保护用户网络数据方面的法律法规尚未完善，未来广告营销产业要想真正走向成熟，监管部门就必须加快相关政策的出台进程，规范用户数据的商业化应用，为企业的广告营销提供制度保障。

1.3.2　数字营销与传统营销的区别

厘清数字营销与传统营销之间的差异，对于营销人员更好地制定并执行数字营销方案具有重要的价值，无数的实践案例已经充分证明了善于运用数字营销，能够在帮助企业提升产品销量的同时，为企业打造出具有强大影响力的品牌。

◆ 消费者地位从旁观者变为参与者

在数字营销中，消费者不再仅是被动的信息接受者，还是信息的创造者及传播者，微信、微博、贴吧、论坛等数字媒体为消费者提供了发声的多元渠道，并使其拥有了极大的话语权。高质量的内容会吸引用户广泛关注，并在社交圈中主动为企业传播。

对企业来说，消费者自发传播，不但降低了营销成本，而且基于人与人之间的信任关系，这种传播方式也能取得良好的传播效果，可以帮助企业在目标群体中形成良好的口碑。

◆ 品牌营销从注重单纯的曝光量到注重真实的参与度

信息传播垄断被打破后，消费者参与信息传播过程的需求在短时间集中爆发，所以能否让消费者在营销推广中获得参与感就显得特别重要。更为关键的是，当消费者参与企业的营销推广后，会为企业提供大量的反馈数据，帮助企业及时调整营销方案，改善产品及服务，并在社会化媒体中引发广泛的话题讨论。

◆ 从模糊大众到个体消费者

营销人员在营销过程中不能盲目地追求覆盖的用户规模，而应精准地对接目标群体。得益于技术的不断进步，企业利用数字媒体可以和目标群体进行无缝对接，双方能够实时交流沟通。在消费需求越来越个性化的背景下，企业需要将视角从大众群体转移到个体消费者，根据其个性化需求设计营销策略。

◆ 时间空间规格不再是限制因素

报纸、杂志、宣传册、广告牌等传统广告的载体，在容量及时间段等方面存在较大的限制，企业只能在广告商的要求下，推出统一形式的广告内容，这自然很容易让消费者产生视听疲劳，从而对营销效果带来严重的负面影响。而数字互动时代的广告营销不再受上述因素的限制，能够用更为丰富多元的内容形式及传播渠道，为消费者推送满足其个性化需求的信息，随时随地对产品及品牌进行营销推广。

◆ 每个人都是媒体

在自媒体崛起的背景下，每个人都能成为外界关注的焦点，可以创造并传播信息，微信、微博、贴吧、门户网站、网络社区、视频网站、直播平台等，为人们获取并传播信息提供了多元化的选择。如果企业能够创造出符合用户需求的信息，就很容易使其主动为企业传播推广。

◆ 从强行推介到征求意见

每个人都不希望自己被强迫地灌输营销内容，对于缺乏互动的单向传播也存在较强的抵触心理。在自媒体中，由于消费者可以自主选择是否阅读、传播及评论信息，企业必须从用户需求出发，倾听他们的声音、征求他们的意见及建议，这样才能制定更加符合他们需求的营销方案。

◆ 从权威到大众点评

以前，企业更多的是利用行业大咖、专家学者等具有较强影响力的个体，为产品及品牌背书，但随着信息不对称的局面被打破，人们更加倾向使用智能手机、平板电脑、PC 等终端从网络中获取广大网民分享的信息，这决定了企业必须为消费者提供优质的产品及服务，才能让广大网民在网络中留下正面评价。

◆ 量身定制信息

在信息过载时代，人们的时间与精力被过度分散，对单一事物的关注度明显降低，再加上产品及服务的迭代周期越来越短，导致用户的关注点很容易转移。所以，企业必须对用户需求进行精准分析，并为其提供符合其需求的定制信息。

1.3.3 数字化互动广告的整合策略

随着信息化、网络化、数字化时代的来临，传统广告业也面临新技术、新媒体的巨大冲击和挑战，亟须通过数字化转型升级应对互联网新媒体环境，获得更大的发展想象空间。在这个大背景下，互动广告受到越来越多广告主的关注和青睐，日益成为数字化时代的主要广告形态。

互动广告并不局限于单一媒体、屏幕、网络中的互动，因此整合化是其发展的必然趋势。同时，互动广告整合不只是对广告传播系统中传播主体、传播媒介、传播形式与内容的整合，还包括对广告主营销渠道和消费者购买平台的整合。

由此，作为互动广告载体的媒介不仅具有推送广告信息的功能，还扮演着品牌营销渠道和消费者购买平台的角色，从而打通了营销、传播、消费等不同系统环节，构建出一个各系统互联互通、有机循环的良性生态体系。

实现互动的关键是参与，即消费者通过互动媒体参与品牌广告的生产传播。借此，广告主可以有效地获取消费者数据，实现大规模个性化定制生产、营销与传播；消费者不仅能够获取产品或服务信息，通过互动媒体渠道完成网络购物、电视购物、手机购物等，还能获得参与感、成就感等更高层次的价值体验。

从这个角度来看，整合式互动广告与电子商务有着"异曲同工"之妙，专注于打通商品销售、信息传播与消费服务，实现各系统各环节的一体化，只不过电子商务侧重商品销售与消费服务，整合式互动广告则以信息传播为核心。

可以预见的是，**在信息极度膨胀并快速更新的大数据时代，**

重视信息传播并以此切入打通营销、传播、消费等不同系统的整合式互动广告将展现出越来越强劲的生命力，从而受到众多广告主的认可和追捧。

◆ 互动广告与营销渠道的整合

从本质上看，广告作为一种信息传播活动是服务于整个营销系统的，以促进销售为最终目的。然而，在社会专业分工不断细化的背景下，广告的内容主要侧重于信息传播，同时广告制作运行的主体也不是广告主本身，而是专业的广告公司，再加上一些商业机密的存在，使广告公司很难全面、准确地把握广告主的营销意图，导致制作的广告内容无法有效对接广告主的公关、直销、促销、推销等其他营销子系统，出现与整个营销系统脱节的问题。

另外，由于广告在产品销售中具有的价值受到诸多因素干扰而常常难以准确评判，造成广告主对广告的实际效果持保留态度，不利于我国广告业的良性可持续发展。

整合式互动广告则是一种有效的问题解决方案。在互动广告中，互动媒体既是信息传播的平台，也是营销的渠道，从而打破了信息传播与营销渠道的明确界限，将广告传播有机融入广告主的整个营销系统中。如此，广告主不仅可以准确衡量广告在整个营销过程中的贡献，还能通过目标受众的参与互动获取更多的消费大数据，从而更有针对性地制作和投放广告，实现精准营销。

互动广告与营销渠道的融合，使营销渠道本身成为互动广告的媒体，从而拓展了广告信息传播的可能性和想象空间。例如，一些研究者提出了"终端媒体化、销售传播化"的观点，即从信息传播的角度切入，将"终端售卖"这个营销渠道打造成互动广告媒体，将报纸广告的说服力、广播广告的亲和力、电视广告的生动直观性以及网络广告的互动性等优势整合到一起，实现产品核心价值信息的集中有效传播。

◆ 互动广告与购买平台的整合

传统广告由于受经济、文化、社会风俗习惯、消费心理等多种因素制约，对目标受众的影响力有限，特别是对受众购买行为的影响有着时间上的滞后性，即当消费者受广告诱导产生购买冲动时，由于无法立刻进行购买，常常造成即时性的消费欲望逐渐消退，从而影响了广告效果。

与此不同，互动广告通过消费者的参与互动，不但始终维持着消费者的购买欲望，还打通了信息传播与购买两个系统——**互动广告媒体不仅是信息传播的渠道，还是消费者的购买平台，从而为受众带来互动式、一体化的消费体验，大幅提高了广告转化率**。最典型的是网络互动广告中的购买链接。当用户对广告推送的产品或服务内容感兴趣时，可以直接点击该链接进入购买页面下单购买，真正实现"所见即所得"。

同样，观看电视互动广告时，用户也可以使用遥控器进入电视购物平台，便捷、高效地获取广告中的产品或服务。此外，随着移动互联网整体生态的优化成熟，手机互动广告的价值越来越突显，能够帮助广告主在不同的碎片化场景中与消费者进行连接互动，从而为消费者提供适宜的广告并直接通过手机购买，实现从互动广告到销售变现的即时转化。

1.3.4　互动广告与传统广告的整合

互动广告虽然是互联网新媒体环境中的一种创新广告形式，但与传统广告有着某种关联性，这也是两者能够有机整合的基本前提。

营销研究机构 iProspect 的调研报告明确显示了互动广告与传统广告的紧密关系：37% 的受访者是因为最近半年看到了一则电视广告才去搜索某家公司、服务或口号的详细内容的；20%的人是因为在报纸或杂志上看到了感兴趣的内容才进行线上搜索的；同样有 20% 的人是受公司实体店铺的影响，17% 的受访者则是受广播广告的诱导，还有一些人是受户外广告的影响才产生线上行为的。

可见，**消费者的大多数搜索行为是由线下营销活动引起的，因此互动广告与传统广告不是一种对立的竞争关系，而是一种**

彼此互补和交互的强化关系。 同时，随着互动传播技术的发展，两者将越来越紧密地整合起来，实现资源共享与互动作用，从而为广告主创造新的广告价值和机会，也为消费者带来全新的广告互动体验。

（1）资源共享

随着互联网、移动互联网和数字传播技术的发展，传统的纸媒广告、广播广告和电视广告等可以转化为网络格式在PC端、手机端进行播放，从而将传统广告的内容优势与互动广告的渠道和效果优势有机地整合起来，并通过两者的资源共享与互联互通有效提升广告传播效果。

（2）互动作用

主要是通过互动广告与传统广告的有机整合，扩大广告覆盖范围、提升广告效果、塑造完整的品牌形象。例如，以直销著称的戴尔公司在电视台和众多网站同步投放视频广告，通过两者的互动充分发挥电视广告的视觉冲击性和网络互动广告的互动性优势，以获得更好的广告效果。

在新媒体时代，数字传播技术的发展为互动广告与传统广告的整合提供了有力的技术支撑。而随着跨屏幕、跨媒体、跨网的一体化信息传播受到越来越多广告主的认可和青睐，广告公司在进行广告策划时也应将互动广告与传统广告的整合作为一项重要内容。

当前来看，互动广告与传统广告的整合主要有两条路径，如图 1-6 所示。

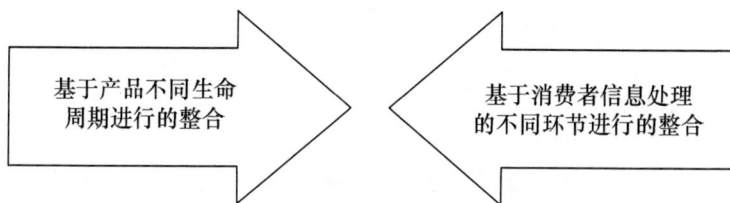

图 1-6　互动广告与传统广告的整合路径

◆ **基于产品不同生命周期进行的整合**

市场中产品的生命周期主要包括导入期、成长期、成熟期和衰退期 4 个阶段，每个阶段对产品广告的传播内容与形式有不同的要求，因而需要不同的广告传播策略。以往，广告公司多是从广告的扩张性、竞争性或保守性等维度出发进行广告策划创意、制定适宜的广告策略的；新媒体时代互动广告模式的快速兴起，要求广告公司根据产品生命周期的不同阶段考虑是否采用互动广告这个全新形式。

（1）**导入期**

产品刚刚进入市场，广告传播的主要目的是提高产品知名度，让更多消费者知道产品，因此应以告知性广告策略为主，选择传统的大众广告，吸引消费者关注，而互动广告在这个阶段发挥的作用比较有限，不太适合采用。

（2）成长期

主要目标是从替代性产品市场抢夺消费者，适合采用扩张性的大众广告策略，扩大广告覆盖范围，获取更多消费者；同时还要采取互动广告增强广告的影响深度，有效留存消费者。

（3）成熟期

这时产品品类的消费者规模已基本稳定，不再增长或增长空间有限，需要从其他竞争性品牌市场争夺消费者，适合采用竞争性的传统广告策略，同时进一步拓展、加大互动广告的范围和力度，以借助互动广告的互动性优势吸引和黏住更多消费者。

（4）衰退期

这个阶段产品逐渐丧失对消费者的吸引力，因此主要目标是"守成"而非"扩张"，可投放少量的大众广告维持原有利润，然后把广告策略的重心转移到互动广告上，通过互动媒体与现有消费者进行持续、深度的沟通，以便将消费者对该产品的认可转移到对品牌或企业的认同上，为后续的新品上市奠定用户基础。

◆ **基于消费者信息处理的不同环节进行的整合**

另一种整合传统广告与互动广告的策略是从消费者信息处理的不同环节切入：**在信息需求环节，消费者希望能够获取更多的产品或品牌信息，这时比较适合采用扩张性的大众广告策略，向消费者推送产品或品牌信息，引发消费者的关注和兴趣。**

当消费者有了购买欲望并进入购买阶段时，最佳的广告策略是互动广告，**通过互动媒体与消费者进行实时、持续的沟通，以精准洞察消费者需求，向他们推送适宜的个性化定制信息、产品与服务，有效促成购买行为。**

交易完成后，广告主还要继续采用互动广告策略进行后续的顾客追踪与售后服务，及时处理顾客在产品购买使用过程中遇到的问题或不满意的地方，为顾客创造优质的消费体验，进而通过互动广告引导他们将产品信息和消费体验分享给其他消费者，实现口碑传播。

整合虽是分工的反向运动，但整合式互动广告与社会生产生活日益细化的专业分工趋势并不相悖：**整合式互动广告是将以往不同产业间的分工整合到广告产业内部，转变为产业内分工。**这种产业间分工的内部化，虽然消解了产业间的分工，但深化了产业内部分工，实现了原有各分工环节的紧密连接与协同，从而创造更大的经济效益。

简单来看，在产业整合过程中，原有产业中有影响力的代表性企业将突破固有业务内容的局限，围绕整合的目标产业不断进行行业业务拓展，实现多元化经营，从而构建覆盖诸多产业领域的商业生态系统；同时，原有不同产业间的社会分工或市场分工，转变为企业打造的生态体系内部的不同分工环节，从而使企业获得远超自身体量的更多资源能量，实现范围经济、规模经济与协同效应。

第 **2** 章

大数据广告：
传统广告模式的数字化转型

2.1 大数据背景下的广告变革与重构

2.1.1 精准挖掘消费者的潜在需求

从市场营销的角度分析，广告的制作离不开对潜在消费者的信息获取、信息分析及在此基础上进行的信息传播，因此，相关企业迅速意识到了大数据在传播领域的重要性，并大力开展数据应用。下面我们从广告营销的层面对大数据的应用及实践进行分析，促使广告营销跟上新媒体的前进步伐，体现其经济及社会价值。

何为大数据？不同的人有不同的理解方式。权威专家李国杰认为，应用传统信息技术及处理方法进行有效获取、分析、深度处理的时间超出人们承受范围的数据集合为大数据。知名咨询公司麦肯锡则将其理解为，运用典型数据库软件无法完成对其庞大的体量进行获取、分析、存储的数据集合为大数据。

关于大数据的定义，侧重点不同，表达方式不同。从宏观角度分析，尽管不同定义方式的切入点不同，其共性在于，展现出大数据体量庞大、诞生自网络环境、拥有较高的参考价值、不同数据的组成与结构相同等特点。综合不同的定义方法，在这里将大数据的概念归结为：**大数据是在网络时代，运用软件工具获取、分析、存储及管理的海量数据集合，大数据应用能够帮助我们全面、准确、深入地了解事物，并将数据分析结果作为自身行动的有效参考。**

美国第二大零售商塔吉特百货（Target）是较早应用大数据技术进行消费行为和需求预测并借此抢占销售先机的公司。

面对日益激烈的母婴零售市场竞争，塔吉特为及时、准确地把握孕妇群体的消费需求和变化、抢占营销先机，对超市中所有顾客的购物消费数据进行采集整理，进而通过建模分析发现了孕妇群体的一些消费规律。例如，处于第二个妊娠期的孕妇在购买护手霜产品时大多会选择无香型护手霜；孕期前 20 周，很多孕妇会购买补充钙、镁、锌的保健品等。

基于孕妇在不同阶段的商品消费数据，塔吉特构建了一个"怀孕预测指数"，可以准确预测孕妇消费群体的孕期情况和消费需求，从而提前向孕妇推送最适宜的产品促销信息，获得市场先机。

全球零售巨头沃尔玛百货公司（Wal-Mart Store）在对美国消费者的购物数据进行分析时发现：每到周末，啤酒和尿不湿都会卖得很好,销量高于工作日,且两者具有一定的关联性。通过深入分析消费者行为,沃尔玛发现这种现象是由周末家庭生活模式造成的:家庭主妇常常会独自外出活动,而丈夫则留在家里边照顾孩子边喝啤酒、看球赛。

根据这个新发现,沃尔玛创造性地将两种看似毫不相干的产品啤酒和尿不湿放在一起进行组合促销,结果大部分男性在购买啤酒时会同时购买旁边的尿不湿,从而借助交叉组合销售实现了啤酒和尿不湿两种产品销量的共同增长。

2.1.2　实现传统产业的智能化重构

在移动互联网时代,不论是人类本身的各种行为动作还是众多机器设备的运转,都在不断产生海量的有价值的信息,而通过对这些大数据信息的挖掘分析,有助于实现精准预测极端天气、创新癌症疗法等目标。因此,大数据成为一种越来越重要的资源,能够帮助人们"发现看似不相关的内容之下隐含的相互关系",从而获得新的机会或突破。

从商业角度来看,大数据也是一种重要的商业资本。产品研发、价格设定、营销推广、交易支付等每个商业化流程都会产生大数据。**对这些大数据信息进行挖掘分析,可以帮助企业精准定位目标受众,全面了解用户特质和需求,实现精准营销,**

拓展新的市场机会。

需要注意的是，大数据技术的核心关注点不是数据本身，而是消费者，遵循移动互联网"以人为中心"的内在逻辑。同时，大数据应用的主要价值也不是发现数据中的因果关系，而是通过深度挖掘非结构化数据背后的隐含联系，发现新的商业规律、创造新的商业价值。

大数据技术也为传统商业注入了新的活力，推动传统产业的信息化、智能化重组，带来更广阔的商业价值想象空间。例如，致力于成为"有趣、有味、有料的生活空间和体验的引领者"的花样年地产公司，积极利用大数据技术提供精准、高效的社区服务，推动传统物业公司转变为智能化的社区服务平台。

具体来看，花样年首先将业主日常生活中的各种行为转化成大数据信息，并按照时间顺序将这些行为数据存储到技术后台，完成业主数据的收集；之后当业主需要相关服务时，社区服务平台便可通过分析该业主的行为大数据做出合理的服务决策。

例如，当业主想要借款时，如果后台行为数据分析显示其信用记录良好，则该业主不用担保便可以从物业公司获得贷款。除了通过 PC 端或移动端从线上社区平台获取各种便捷服务外，业主还可以在平台中进行各种互动和反馈，表达自己的想法和诉求，而每次的互动反馈又会产生新的大数据，并可能为企业带来新的商业机会。

利用大数据技术，传统线下实体社区重塑为一个提供多元、个性、便捷服务的线上社区服务平台，在为业主提供更为优质服务的同时，也为房地产物业公司带来了更多新的商业机会。

美国电视剧《纸牌屋》（*House of Cards*）曾风靡全球40多个国家，吸引了大量拥趸者。该剧是流媒体服务商Netflix基于大数据分析投资、拍摄的第一部原创电视剧，其热播背后体现的是大数据在实现产品精准定制方面的巨大价值。

在《纸牌屋》正式拍摄前，Netflix便利用大数据技术对庞大的用户群体进行了全方位研究：分析了3000万次网站用户的视频体验数据，如用户在观看一部视频过程中的暂停、后退、快进等行为；同时，对400万条用户留言评论、观看视频的时间以及不同播放终端的使用情况等数据进行整理分析，从而全面获取用户的内容诉求和痛点。

《纸牌屋》是第一部通过"大数据"智能算法进行精准定制化创作的电视剧，这是该剧能够获得广大用户认可和青睐的根本所在。

2.1.3 大数据对于广告营销的价值

在互联网及移动互联网时代，各类新媒体纷纷崛起并得到普遍应用，媒体数量日益增多，与此同时，媒体内容也更加多样。如此，用户就能根据自身需求自由选择，利用多样化的媒体，发展自己的兴趣爱好，媒体运营方也可借此机会对消费者进行引导，在这种大环境中，受众对媒体的应用及其内容消费越来越分散，呈现"碎片化"特征。传统模式中依靠广告推广进行品牌打造及运营的方式已不再适用于今天。

对广告商而言，要在激烈的市场竞争中脱颖而出，就要采取有效手段，对分散在不同媒体平台、沉浸在不同媒体内容中的用户进行全面而深入的了解，进而把握其个人偏好、心理需求、媒体使用习惯等，在此基础上进行广告设计与制作，使自身信息传播方式符合受众的需求。**大数据的应用，能够使企业利用先进的数据挖掘技术，获取潜在消费者的相关信息，如其信息浏览记录、消费习惯等，从而对消费者的价值观念、心理状态、行为习惯等进行分析。**帮助企业提高营销针对性，为企业的战略选择及具体实施提供精准参考，如图 2-1 所示。

◆ 实现对小群体受众的"个众化"营销

尽管广告公司利用大数据技术，能够准确把握潜在消费者的相关信息，并据此进行广告设计，选用合适的营销方案。但是，企业在开展营销推广活动时，需要对信息内容与媒体之间的关联度和潜在消费者在具体情境中的心理状态、行为习惯等进行全方位的了解，并根据自己掌握的信息对现有的营销方式进行适当调整，使企业能够在特定环境中，开展针对目标受众的精准营销，为此，企业可以发挥大数据技术的作用，取得理想的营销效果。

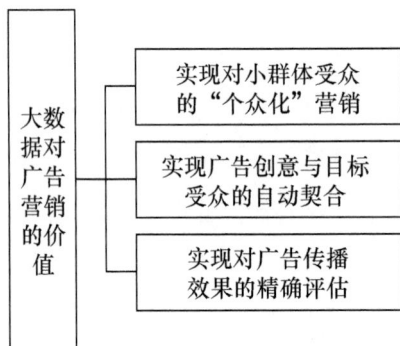

图 2-1　大数据对广告营销的价值

◆ **实现广告创意与目标受众的自动契合**

优秀的广告创意能够聚集受众的目光，促进企业信息有效传播。为此，广告公司需要了解目标受众的偏好、审美水平、文化接受程度等。借助大数据技术，企业能够全面而准确地把握目标受众的信息，并根据小众群体乃至个体受众的需求实施精准营销，而在具体的实施过程中，广告公司还要根据营销需求，加快广告制作环节的运转，在短时间内提交高质量的广告创意作品，以便企业立即投放广告。

若企业仍然固守传统广告运作模式，就很难做到这个点，但大数据的应用能使企业完成广告创意与目标受众之间的匹配，并利用先进技术取得时间上的优势。在具体的实施过程中，企业可依托大数据技术，发挥创意自动化技术的作用，对潜在消费者的上网行为，包括信息浏览记录、查询时间、行为方式、个人相关信息等进行分析，以自动化方式制作创意素材，并通过媒体渠道进行传播。

◆ **实现对广告传播效果的精确评估**

广告传播效果受到多种因素的影响，且需要经过一定时间才得以体现。广告公司及广告主要想对广告的传播效果进行科学评估，就必须使用先进的技术手段。在传统模式中，企业主要通过电视收视率、产品销售量、报刊发行量等对广告效果进行判断，如今，大数据的应用能够使企业获取更加全面的广告数据，还能获取目标受众的反馈信息，以此提高广告评估的科学性与准确度，在综合考虑多种因素的基础上对广告传播效果得出更加精准而有效的判断。

2.1.4 传统广告营销的数字化变革

传统市场营销多是根据人口统计数据和目标受众的生活方式等信息细分消费市场，这个情境下的广告营销行业核心竞争力也主要体现在广告策略、广告创意和媒介购买力方面。然而，数字化媒体时代的到来使广告营销面临更加复杂的传播环境，需要重塑以往的市场细分逻辑和营销路径。

移动互联网的发展成熟、数字化媒体的快速崛起和手机等智能终端设备的广泛普及,一方面带来了海量的数据信息,大数据技术应用成为必然;另一方面,消费者的注意力越来越呈现碎片化、移动化、场景化的特质,注意力成为稀缺资源。

碎片化的传播环境、注意力获取难度和成本不断攀升,对广告营销的精准性提出了更高要求,广告营销需要从以往的"广而告之"转变为"准而告之"。在数字媒体时代,如何及时获取并有效分析消费者的实时行为数据、与品牌的互动数据等各种消费大数据,实现目标受众的精准画像,已成为广告营销面临的一大难题。

要精准定位目标消费者,广告营销必须以数据驱动为核心,积极利用大数据技术明确以下问题:消费者接触品牌广告信息时的行为特征,品牌广告中哪些内容或因素能够触动消费者、激发他们的心理共鸣,在营销传播中品牌如何与消费者进行沟通互动,哪些 KOL(Key Opinion Leader,关键意见领袖)能对目标消费者产生较大影响,品牌可通过何种渠道和形式与这些KOL 进行有效沟通……

在数字媒体环境中,广告营销面临获取消费者需求、沉淀消费者数据的双重压力,需要积极利用大数据技术进行以下转变:

(1)**从如何寻找消费者,转变为挖掘消费者在不同碎片化场景中的实时消费需求;**

（2）从基于传统媒体的单向的信息传输，转变为借助各种数字化媒体与消费者进行实时沟通互动，从消费者需求和体验出发提供最适宜的场景解决方案；

（3）推动消费者与品牌从单纯的商业"买卖"关系升级为互信共赢的伙伴式关系。

在大数据时代，传统广告模式已无法应对商业环境、传播结构、市场需求的巨大变化。数字媒体时代的广告营销必须以大数据技术为依托，深度挖掘社会化媒体平台中的"弱关系"，全面准确地获取目标消费者的需求路径和行为特质，提高广告营销的精准性和互动性，从而获得更好的营销传播效果。

当前，广告营销行业正在加快进入社会化营销和大数据营销时代，营销主体也从以往的专业媒体人和广告人转变为具有社会化营销理念的数字营销服务提供者。对于品牌与消费者的关系构建与维护，应在传统市场调研、深度访谈等的基础上，积极利用大数据技术收集与分析不同社会化媒体平台中的消费者行为大数据，以此实现合理决策。

数字媒体时代的广告营销还应做好品牌创意传播的过程管理：**关注并引导品牌信息在各社交媒体平台中每个节点的流动方向，并深度分析影响品牌信息被社交平台中的消费者关注和分享的各种因素。**

对数字广告营销服务商来说，最重要的是收集、整合、沉淀消费者的各种行为数据，同时不断增强"讲故事"的能力，并树立全媒体、多渠道、互动性传播的广告营销理念，以提升广告营销传播的投资效益。

2.1.5 大数据广告营销的实战策略

◆ 加强对新的以大数据为支撑的广告技术的挖掘

如今，企业已经能应用先进的软件技术，对网络运营过程中产生的数据资源进行获取与分析，然而这种技术应用除了能够为广告传播提供基础性数据资源、为企业的营销活动提供参考价值之外，并未将网络数据应用与广告传播融为一体，然而企业只有做到这个点，才能提高整体运营效率，在短时间内把握市场需求，提交广告创意，完成广告设计，并投放广告，最后对广告效果进行科学评估。

为此，企业必须在大数据应用的基础上，进行广告技术的深入挖掘，在发挥国内互联网广告现有优势的同时，进一步提高其营销精准度，能够将企业相关信息在短时间内传递给目标受众，并使其成为国内互联网广告的发展方向。

◆ 加强网络空间中大数据在广告整合传播中的应用

网络技术的高速发展为人们带来了诸多便利。在移动互联网时代，网络用户的数量不断增多，他们利用网络平台，满足自身在娱乐、社交、资讯获取等方面的需求。随着各类社交媒体的兴起，用户的注意力趋于分散，若企业依然采用传统营销手段与营销技术，难以将分散的受众群体集中到自己的平台上。然而，身为广告公司，就要通过开展营销活动，实现信息的大范围传播，并使受众认可其价值理念。

在这种情况下，企业需要在营销传播过程中充分发挥大数据的价值，对潜在消费者进行精准定位，获取与分析相关数据，据此选择相对应的营销方案，并推出一系列推广活动，利用网络平台的优势进行信息扩散，将分散在不同领域、不同媒体平台上的用户集中到一起。

◆ **重塑以大数据为"纽带"的新媒体广告运作体系**

实际上，为广告传播提供有效的数据参考只是大数据应用价值的一部分。除此之外，大数据的应用还能实现聚合分散用户、彻底变革传统的广告运营模式、促进新媒体广告运作体系诞生的作用。在这方面，国外一些在大数据应用基础上发展而来的广告公司表现得尤为突出。

例如，营销自动化公司 RadiumOne 会对社交网络平台中的用户信息及互动关系进行获取与分析，从中挖掘某类消费者具有的共性特征，为产品或品牌匹配相对应的消费者群体，在此基础上进行信息传播与推广，实现信息的大范围触达，并进行精准营销。在这种营销推广模式的实施过程中，大数据发挥着重要的作用。现阶段，国内广告公司需要积极借鉴国外企业的优秀经验，采用新媒体广告的传播方式，发挥大数据的连接作用，充分利用网络平台的优势进行广告投放并致力于达到理想的传播效果。

综上所述，伴随着网络媒体的快速发展及用户规模的不断壮大，大数据的价值逐渐突显并在许多领域得到应用。身处大数据时代的广告公司需要认识到大数据的重要性，在大数据应用的基础上，深入开发新的广告技术，同时，广告公司需要注重获取网络空间中的数据资源，通过数据分析及应用推动企业的营销，还要依托大数据改革传统广告的运作模式，从整体上促进国内新媒体广告的发展，为企业的营销推广做出更大的贡献。

2.2　社交大数据背后的广告营销攻略

2.2.1　由群体智慧引发的营销创意

在当代广告传播领域，大数据正在引发一场智能广告革命。在智能广告环境中，4A 广告公司不再是知名广告的主要生产者，智能系统将超越 4A 广告公司自动生成大量传播范围极广、传播效果极好的广告。

近年来，facebook 的广告收入迅猛增长，其发布的财务报告显示，2017 年第二季度，facebook 的广告收入达到了 90 多亿美元。2017 年，facebook 的广告收入达到 399 亿美元。

facebook 如此高的广告收益得益于其高精准的、能代替传统广告代理公司的广告系统，在该系统中，广告客户只需将产品照片上传到数据库，只要用户登录 facebook，系统就会根据其兴趣自动生成广告，根据用户"关系图谱"的数据分析精准地投放广告。

在拉里·韦伯（Larry Weber）看来，大数据涵盖的内容非常丰富，包括企业信息化的用户交易，社会化媒体中的用户行为、用户关系及无线互联网中的地理位置数据。大数据能获取用户在社交网络中的踪迹，智能广告则可以利用这些数据对用户进行深入研究，从而实现广告的精准投放。关于这个点，托马斯·克伦普（Thomas Crump）的理解是"人是数字的本质，所以，数据挖掘就是对人类自身进行分析、研究"。

在大数据的作用下，社交广告变得越来越流行。2017年，全球社交网络的广告收入达360亿美元，在整个数字广告市场上的占比将达16%，这些广告收入主要来自社交网络广告、社交游戏、应用程序广告。

在社交媒体领域，智能广告将逐渐摆脱"广告"的身份，变成"故事"或"游戏"。例如，在腾讯智慧峰会上，奥美日本董事长播放了一段酷似魔幻电影片段的视频：安静的巴黎、神秘的大门，在神秘的地点聚集了60名前来找寻Perrier水的客人，讲述了一个奇幻的寻宝故事。再如，雀巢为了做好"笨NANA"的推广营销在腾讯游戏平台上定制Flash游戏。在"笨NANA"岛的神奇游戏中，"笨NANA"是小猴子寻找的重要食物。

从形式上来看，智能广告正在朝无形与强互动的方向不断发展，借助大数据，用户产生了很多自发性的智慧，并最终形成了营销创意。现今，在整个数字生态链中，媒体扮演了非常重要的角色，直抵销售环节。

在互动广告领域，Nike 一直保有非常好的创意。Nike 曾推出这样一个微信活动：用户上传一张自己喜欢的鞋样图片，Nike 会根据图片生成相关图样，如果用户满意就能直接付款购买，做到了真正的定制化。在日本，用户只需对着电脑摄像头模仿 Nike Free Run+ 这款鞋子的造型做鬼脸就能参加 Nike 发起的奖励计划，造型最相似的作品能获得 Nike 提供的购物券。

对营销人员来说，追踪消费者花费最多的场所，对其进行定位，在不干扰消费者的情况下为其创造更多价值是一个永恒的课题。对消费者来说，只有那些能赢得他们喜爱的东西才是他们真正需要的东西，而消费者最喜欢的东西则是他们自己创造的东西。在智能媒体时代，消费者的创意构建了一个规模庞大的智能网络，这是一种群体智慧，也是企业创意的缘起之所。

2.2.2　社交大数据挖掘与精准投放

在 2010 年世博会期间，爱立信公司为组委会提供了人流信息服务，该服务是利用运营商无线网络上的信息对人流密度进行有效判断。在现实生活中，这种监测数据的应用范围正在不断拓展，尤其在商业领域。例如，某人想在王府井开一家餐厅，爱立信就可以选择一个人流比较集中的路段对数据进行采集、分析，获知该区域的消费者类型，为餐厅选址及定位提供科学的建议。

现今，这种选址方式正在被麦当劳、肯德基等大型快餐企业使用。在大数据应用方面，大数据辅助公司选址只是应用之一，最早在商业领域使用大数据的企业是美国的塔吉特超市。

> 塔吉特超市为了留住孕妇顾客，参考"迎婴聚会"登记表构建了"怀孕预测指数"，对顾客的怀孕情况进行较为精准的预测，以提前将母婴用品的优惠广告推送给顾客。之后，塔吉特超市又用这种精准的广告投放方式推广其他类型的商品，8 年的时间，塔吉特超市的销售额提升了 230 亿美元。由此可见，塔吉特超市利用大数据精准投放广告的实践无疑是成功的，在此之后，类似的经典案例层出不穷。

对市场营销来说，广告轰炸战略逐渐失去了用武之地。以雀巢为例，2012 年，在大中华区市场上，"笨 NANA"的销售额排名第二。雀巢认为"笨 NANA"取得如此销售结果的原因是社交媒体对"笨 NANA"的热议（产品上市前 5 个月，雀巢利用微博引导人们对"笨 NANA"进行讨论），让其营销方式摆脱了传统的电视广告营销。企业以社交网络为平台开展客户服务，可以实时收集用户对产品的意见，有则改之，无则加勉，提升顾客的满意度，同时推动产品不断完善。

事实上，在大数据的作用下，整个营销行业的工作方式都在不断改变：**对隐藏在消费者背后的海量数据进行深入理解，有效挖掘用户需求，为用户提供个性化的营销方案。**而这个切工作的首要任务就是采集用户数据，也就是找到人、找对人、花对钱。

其中，找对人就是明确用户定位，在智能媒体时代，随着众多社交元素的介入，在社交手段的作用下，智能媒体的价值逐渐显现出来。对用户感兴趣的话题、有意愿交往的人等数据进行挖掘，能有效提升智能媒体的商业价值。除此之外，社交媒体还能根据用户需求有针对性地为其提供内容，剔除无用内容，实现信息的精准投放。

2.2.3　基于社交的分享与沟通策略

社交媒体一边挖掘群体智慧，一边挖掘用户数据制定有针对性的沟通策略。用户上传的视频、音乐、图片和发表的评论往往隐藏着他们的消费倾向。从本质上看，**社交媒体就是以维系情感为目的的交流互动，在营销的过程中发挥着重大作用。**

例如，顾客想买一台笔记本电脑，按照传统的购买方式，顾客会先阅读媒体信息，然后前往实体店查看、试用，最后做出购买决策。但是在社交媒体环境中，顾客可以直接跳过企业预设的信息，通过社交媒体与移动终端获取其他顾客对产品的评价，在不受企业广告营销活动影响的情况下，做出理智的购物决策。

在这种情况下，通过社交网络定向投放广告就成了企业开展营销活动的必然之选。

Nike 在 2012 年奥运会期间推出了一个 High Touch 富媒体活动，对用户账户与 Nike 微博之间的关系进行深入解析，根据用户关注的运动有针对性地为用户推送富媒体广告，如果用户没有关注特定的运动，Nike 就会为其推送另外一套广告。

未来，智能广告将朝 4 个方向不断发展，分别是视频广告方向、微博广告方向、无线广告方向和展示广告方向。对中国的网络广告来说，视频贴片广告与富媒体广告将成为推动展示广告持续增长的主要动力。

2013 年，腾讯推出一款 DSP 广告投放系统——"腾果"，该系统是一个以点击效果付费为基础，以参与竞价的方式获取广告展示机会的广告服务平台。在未来的智能广告时代，该系统是主要的运营平台之一。

此外，腾讯还推出了一个全新的社交策略——MIND3.0，通过观察、分析、挖掘用户行为数据，明确各个用户族群的特征，使用差异化标签从营销层面将品牌与受众联系在一起。例如，将成熟妈妈与新生儿妈妈划分为两个族群，通过大数据分析得出差异化的结果。成熟妈妈属于理智型的玩乐女性，喜欢玩游戏、听音乐、看古装剧，喜欢通过 QQ 群、日记、鲜花工坊与人互动交流；新生儿妈妈属于社交型辣妈，对数码产品的关注度比较高。

人们分享的内容越多，所产生的决策依据就越多。现今，社交网络正在想方设法地激发人们的分享热情。为此，facebook 发布了一款大数据产品——Timeline，在用户注销账号的最后一刻，facebook 会利用 Timeline 对用户的注销行为进行分析，找寻用户内心想法的规律，对注销页进行改造，用情感打动用户。通过这种方式，facebook 将注销率降低了 7%。

由此可见，企业与用户之间的交流方式正在发生翻天覆地的变化，并且拥抱这种变化的企业数量正在逐渐增多。某调研机构对美国市场营销人员做了一次访问调研，近 2/3 的受访者表示，正是受大数据挖掘需求的推动，他们才在广告营销领域应用数据管理平台。

现如今，受大数据系统的影响，全球广告业发生了巨大的变化，未来，这种改变将朝制造业、零售业、科技等各个行业延伸。**在信息爆炸时代，超过 95% 的信息会被消费者忽略，只有不到 5% 的信息能在消费者脑海中留下印记。**而在智能广告时代，社交媒体的作用不只是让人们记住来自社交网络的各种信息，还包括催生消费者潜在的消费需求，让消费者的消费曲线变得清晰、明显。

2.3 传统广告公司的数字化转型路径

2.3.1 互联网企业的数字广告模式

大数据技术的发展成熟及其与新媒体的深度结合，推动了国内传统广告产业的颠覆性变革：**越来越多的广告主和品牌将广告营销"主战场"转移到新媒体平台，数字广告呈现爆炸式增长态势，从而加快推动传统广告业的数字化转型升级，提高了我国广告产业的国际竞争力**。对此，互联网巨头、传统营销集团和专业数字广告公司均不断参与进来，依托各自优势深耕布局数字广告业务，并大致形成了 3 种数字广告运作模式与发展战略。

数字广告公司的核心竞争力主要包括 3 个方面：**大数据资源、技术资源和广告创意能力**。在这方面，依托大型互联网企业的数字广告公司具有天然的优势，既可以分享互联网企业的资金、技术、大数据等各种资源优势，同时互联网企业聚合的海量客户资源使其本身就是一个有效的广告分发媒体平台，又可以为数字广告公司带来众多目标受众。

具体来看，依托大型互联网企业的数字广告发展模式主要包括 3 种，如图 2-2 所示。

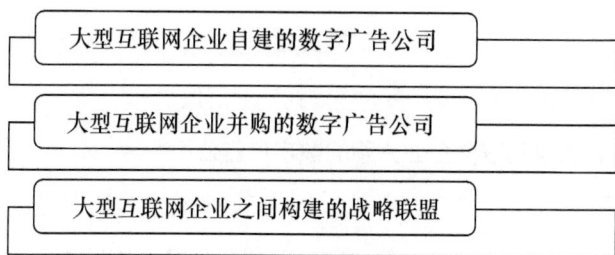

大型互联网企业自建的数字广告公司

大型互联网企业并购的数字广告公司

大型互联网企业之间构建的战略联盟

图 2-2　互联网企业的数字广告模式

◆ 大型互联网企业自建的数字广告公司

大型互联网企业聚合积累了海量用户资源，因此从营销角度看也是一个优质媒体平台。在大数据时代，互联网企业自建数字广告公司，不仅可以充分挖掘并发挥自身的广告媒介平台优势，拓展企业营收渠道；还能依托在用户大数据资源和技术方面的优势，实现精准投放广告，提升广告营销效果，从而获得广告主的青睐。

较为典型的是互联网巨头 Google，作为全球最大的搜索引擎平台，Google 利用自身的大数据资源和技术优势积极打造联盟广告平台，成为较大的在线广告服务公司，联盟广告平台收入在 Google 总收入中的占比接近 50%。

例如，阿里巴巴集团旗下的"阿里妈妈"线上营销平台，依托阿里巴巴集团强大的用户资源、大数据资源、技术资源等，帮助广告客户实现目标受众精准画像，优化广告营销方案，通过搜索营销、展示营销、佣金推广、实时竞价等多种方式完成广告精准投放，提高广告营销效率与效果，并帮助客户构建多元化的流量变现模式，获取更多的商业价值。

◆ **大型互联网企业并购的数字广告公司**

除了自建数字广告公司，大型互联网企业也可以通过并购的方式布局数字广告业务。这既有利于快速提升互联网企业的数字广告营销能力，也有利于数字广告公司通过分享互联网企业的大数据资源与技术提升自身的专业能力。

（1）快速提高互联网企业的数字广告营销能力

例如，2014 年 12 月凤凰传媒旗下的凤凰数媒子公司计划投资 3.465 亿元收购上海数字传漾广告有限公司 66% 的股权。后者是一家"大数据平台＋乙方代理"模式的精准互联网营销公司，拥有互联网精准营销、技术服务和程序化广告交易平台三大业务板块，能够帮助凤凰传媒快速提升数字广告营销能力，助力其数字出版产业和互联网广告业务的跨越式成长。

（2）依托双方优势互补合作搭建大数据营销平台

例如，2015 年 1 月阿里巴巴集团宣布将通过战略投资的方式控股易传媒（AdChina），后者将与阿里巴巴旗下的另一个全网营销平台阿里妈妈共同推动数字营销程序化的发展普及。

作为国内领先的整合数字广告平台，易传媒在互联网广告技术、用户数据解决方案、受众管理系统等技术产品方面具有行业领先优势；而作为国内互联网巨头的阿里巴巴，在大数据、云计算、用户资源等方面具有优势。两者通过打通数据和优势互补，搭建一个端到端的数字广告技术和大数据营销基础设施平台，从而向广告主、品牌和第三方机构提供更好的数字广告营销服务，增强客户的流量变现能力，获取更多的商业价值。

◆ 大型互联网企业之间构建的战略联盟

大型互联网企业以战略合作的方式共同布局数字广告业务，有助于打破"信息孤岛"，实现双方大数据资源的互联共享，进而依托跨屏幕、跨平台、跨网的大数据分析技术，从人口属性、兴趣爱好、消费行为等多个维度对用户进行族群划分和细分定位，实现更精准的目标受众画像，大幅提升数字广告营销的精准性和转化率。

例如，2014 年 10 月，阿里巴巴集团与视频播放网站优酷土豆集团达成全面战略合作关系，打通双方大数据，实现优势互补，共同推动国内广告营销的数字化转型升级。为此，优酷土豆与阿里巴巴旗下的阿里妈妈在线营销平台依托强大的大数据技术优势，分别推出了精准营销服务方案"星战计划"和开放数据管理平台"达摩盘"。

2.3.2 自建型：实现数字化的转型

在大数据时代，媒介环境、传播结构、广告技术、受众需求等的巨大变化颠覆、重塑了传统的广告运作方式：**从购买媒体平台的广告位和流量转向购买受众，从侧重"广而告之"的大众传播变为追求"准而告之"的精准传播，对广告传播效果的评估也从模糊化走向可视化、数据化和实时化。**

随着数字广告展现出越来越强劲的生命力和价值想象空间，其在广告主营销传播预算中的占比越来越大，从而推动了传统大型营销集团进行数字化转型，不断深耕数字广告业务，提升数字广告的营销代理能力。

依托丰富的广告营销传播经验，大型营销传播集团主要通过自建或并购专业数字广告公司的方式布局数字广告业务。

在大数据时代，随着广告主把越来越多的预算投入数字媒体平台，传统营销传播集团必须充分认识到数字广告产业发展的必然趋势，积极组建自己的数字广告公司，以不断提升自身的数字营销代理服务能力，实现数字化转型升级。自建数字广告公司包括以下两种方式。

第一种，在集团内部成立专门的数字营销部门或数字广告公司，积极培育、招聘数字广告营销人才，为广告主提供优质的数字营销代理服务。

例如，广东省广告股份有限公司早在 2008 年就成立了网络互动局，围绕网络媒体采购这个核心业务，不断提升自身在数字广告策划、创意、技术等方面的服务水平；2012 年 6 月，又投资组建了全资子公司广东赛铂互动传媒广告有限公司，全面加速集团在数字广告产业领域的拓展步伐。

第二种，传统营销传播集团进行全方位的变革重塑，彻底转型为数字广告公司。对传统营销集团来说，数字营销是一种完全有别于传统广告营销的新思维、新模式、新领域，也是大数据时代广告业发展的必然趋势。因此，营销传播集团需要变革传统的广告思维与运作模式，积极进行网络化、数字化转型，推动广告策划创意与新技术、新市场的有机融合，从而有力应对大数据时代的新媒体冲击，增强自身的竞争力。

例如，作为中国本土公共关系领域的知名品牌，蓝色光标传播集团在 2013 年 10 月开始加快向数字广告与整合营销服务全面转型，将旗下的蓝色光标公共关系机构改为"蓝标数字"（蓝色光标数字营销机构）。

依托蓝色光标传播集团的资源与技术优势，"蓝标数字"通过打造业务发展系统（Business Development）、客户服务系统（Account Service）、数字解决方案系统（Digital Solution）和资源合作系统（Resource Cooperation）四大业务板块，为广告主和企业客户提供了优质的一站式数字广告营销服务解决方案。

2.3.3　并购型：资本的整合与布局

随着我国广告市场逐渐进入以资本并购与联合为主要特征的产业扩张阶段，传统广告市场格局在数字广告的冲击下颠覆、重构。从国际广告市场竞争的角度来看，数字广告产业的迅猛发展弱化甚至消解了国内广告公司与国际广告公司的差距，将两者拉到同一位置：**在大数据时代，谁能首先实现数字化转型升级、建立数字广告营销的核心优势与竞争力，谁就能在未来的广告市场中占据主动地位。**

对传统大型营销集团来说，面对不可逆转的数字广告发展大势，除了在内部组建数字广告机构或子公司，还可以通过外部资本并购与联合等方式积极布局数字广告业务，增强自身的数字营销代理服务能力。近两年，国内广告行业的并购案例多数发生在数字营销领域，主要包括以下两种方式。

第一种，传统营销传播集团收购数字广告公司的少数股份，将自身业务与数字广告业务进行对接，为广告主或企业客户提供数字整合营销服务。

例如，2014年12月，蓝色光标传播集团以收购和增资的方式分别获得北京璧合科技与北京掌上云景科技公司25%和24%的股权。璧合科技有限公司是一家依托大数据技术提供跨屏程序化广告投放策略和技术解决方案的互联网广告营销技术公司；掌上云景则在移动互联网广告服务方面处于国内领先水平。

此外，蓝色光标集团还通过旗下的全资子公司香港蓝标参与精硕科技（AdMaster）和晶赞科技的 C 轮融资，分别获得两家公司股权的 11.69% 和 14.29%。精硕科技是国内领先的营销大数据解决方案提供商和独立的第三方大数据管理平台，专注于大数据挖掘、分析与管理；晶赞科技则是互联网专业数据服务供应商，能够为旅游、汽车、教育、电商等各领域提供专业的大数据解决方案。

通过对数字广告公司的资本投资，蓝色光标集团实现了传统业务与数字广告业务的有效对接，快速提升数字广告营销服务水平，从而充分满足了新媒体环境中企业客户日益增长的广告程序化购买、移动广告营销、大数据分析与管理等需求。

第二种，营销传播集团收购数字广告公司的多数股份，将后者转变为自身的控股子公司或全资子公司。例如，2014 年 10 月，广东省广告股份有限公司通过战略收购上海恺达广告公司的方式深化自身的数字广告业务布局。后者是国内规模较大的互动整合营销和移动互联网营销平台，能够为广告主和企业客户提供优质的数字整合营销服务。

2.3.4 独立型：两种发展战略路径

除了互联网巨头和大型营销传播集团，独立型数字广告公司也是数字广告产业的重要参与力量，发展势头强劲。与互联网企业和营销集团相比，数字广告公司本身就是数字广告产业发展的结果，具有更专业的数字营销代理服务能力和更大的商业价值想象空间，因此越来越受到国内外资本市场的青睐。

独立型数字广告公司既有众多专业的数字营销人才，又在专业的程序化广告软件和大数据分析管理等方面具有优势，可以为各个行业、互联网媒体等提供专业性的数字广告营销服务，其发展战略主要包括两种路径，如图 2-3 所示。

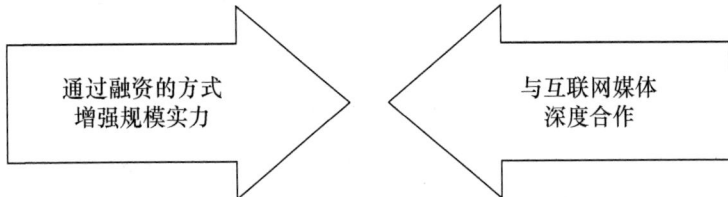

通过融资的方式
增强规模实力

与互联网媒体
深度合作

图 2-3　独立型数字广告公司的两种发展路径

◆ 通过融资的方式增强规模实力

数字广告公司的发展离不开专业人才、专业广告软件、大数据分析管理工具等，而这些显然离不开大量资金的有力支撑。因此，数字广告公司以融资的方式进行规模扩张主要出于以下两个目的。

第一，吸引风投资本，为公司吸引专业的数字营销人才、研发专业的数字广告软件和大数据分析管理工具提供充足的资金支持。例如，亚洲领先的大数据广告公司 Vpon（威朋），在2014 年 7 月的 B 轮融资中，获得了诸多顶尖金融巨头和亚洲知名资本千万美元的投资。公司将通过这些资金扩大研发规模，探索大数据在移动广告中的应用，加快移动数据领域的布局，提升移动数据分析管理能力，从而为广告主提供更优质的数字广告营销服务。

第二，数字广告公司吸引大型互联网企业或营销传播集团投资，借助后者在客户、平台、大数据、广告策划创意等方面的资源优势实现自身跨越式成长，包括收购少数股份和收购控股两种情况。不过，无论哪种情况都需要保持数字广告公司运营的独立性，如此才能实现优势互补，推动双方数字广告营销服务能力的共同提升。

◆ **与互联网媒体深度合作**

随着广告市场需求的多元化、个性化以及受众的族群化和垂直细分，大数据时代的数字广告公司需要不断提升自身的大数据获取、挖掘、分析、管理与应用能力，精准刻画目标受众画像，帮助广告主和企业客户实现精准广告营销。

对此，数字广告公司应通过与互联网新媒体的深度合作获取更大规模的大数据资源，从而为广告主提供精准受众分析、精准广告投放、精准广告效果评估等更优质的专业服务，不断拓展自身的数字广告业务。

从合作对象的规模来看，数字广告公司与互联网媒体的深度合作主要分为两类。

（1）数字广告公司与大型互联网媒体的深度合作

大型互联网媒体拥有海量用户，在大数据规模和质量方面具有优势，能有效提升数字广告公司的大数据获取、挖掘、分析、管理与应用能力，为广告主提供精准的广告营销方案。例如，百度和 360 的搜索大数据，腾讯和新浪微博的社交大数据，阿里巴巴和京东的电商交易大数据等，都是数字广告公司提升自身服务能力所需的重要大数据资源。

通过与这些大型互联网媒体的深度合作，数字广告公司不仅能够获取用户的性别、年龄、职业、收入水平等基本信息，还能了解用户的社交行为、兴趣爱好、消费特点等多维信息，从而刻画更精准的目标受众画像，帮助客户提高广告投放的精准性和营销效果。

阿里巴巴控股易传媒、360 控股上海聚效广告平台，都是通过融资控股的方式实现数字广告公司与大型互联网媒体的战略合作的，既加快了大型互联网企业的数字广告业务拓展速度，又有效提升了数字广告公司的大数据广告营销代理服务水平。

（2）数字广告公司与中小型互联网媒体的深度合作

随着程序化广告购买逐渐成了数字广告市场的重要需求，数字广告公司也必须持续增强自身的程序化广告分析与购买能力。对此，可通过与大量中小型互联网媒体展开深度合作，有效对接中小媒体和数字广告两个长尾市场，进而依托大数据分析，将最合适的广告在最适宜的场景推送给最合适的受众，实现精准的广告投放。

国内领先的智能手机广告平台多盟，通过整合优质的智能手机应用和广告资源，并依托大数据分析技术为广告主和应用开发者搭建了一个数字广告服务平台，帮助两者获取更多的商业价值。通过与众多 App 媒体（超过 7 万个）的深度合作，多盟已成为国内移动数字广告领域的领航者。

在大数据时代，新媒体环境既为我国广告产业带来了新的发展机遇，又提出了更高的要求和挑战。在数字广告产业蓬勃发展的情况下，大型互联网公司、营销传播集团和独立型数字广告公司纷纷在数字广告领域深耕拓展，通过融资、并购、联合等多种方式进行优势互补，共同提升数字广告营销服务能力，从而加快推进数字广告产业的成长，增强我国广告行业在未来国际广告市场中的竞争力。

第 **3** 章

移动广告：
移动互联网时代的投放策略

3.1 移动互联网时代的广告传播之变

3.1.1 广告主体：从单一到多元

媒体是广告的重要载体之一，其发展对广告传播产生了深远影响。而移动互联网的崛起，使媒体发生了颠覆性变革，广告传播也因此步入转型变革期。

作为广告主体的广告组织，扮演着制定、实施并调节广告方案的角色，各种类型的广告业务是其主要收入来源。在传统媒体时代，广告公司无疑是广告市场中的主体，由于其具有较高的专业性及丰富的营销资源，赢得了企业界的广泛认可，并通过提供广告代理服务获取了高额的利润回报。

进入互联网时代后，虽然市场中出现了网络广告营销商，但广告公司并未受到太大的冲击，仍在广告市场中居于主导地位。而移动互联网崛起后，这种情况发生了极大的改变，移动营销爆发出巨大的能量，广告公司在移动营销领域丧失了主导权。在广告领域，可以为广告主提供移动广告服务的广告主体包括以下几种：

（1）传统 4A 广告公司旗下的广告机构，典型代表是电众数码、奥美世纪等；

（2）以数字营销为核心业务的广告代理商，典型代表是新意互动、华扬联众等；

（3）同时提供移动广告业务和传统互联网广告业务的网络广告商，典型代表是互动通、易传媒等；

（4）专业的移动营销公司，典型代表是力美广告、亿动传媒等。

在广告领域外，互联网企业同样能够提供移动营销服务，而且由于这些企业在用户数据及媒体平台方面有绝对的领先优势，往往能够取得良好的营销效果。除了电商出身的阿里巴巴、搜索出身的百度、社交出身的腾讯外，58 同城、今日头条、大众点评等互联网公司在移动营销方面也拥有强大的影响力。

不难发现，移动营销的主导权已经被互联网企业控制，与拥有用户数据及平台资源的互联网企业相比，传统广告公司能够依赖的是其多年的从业经验。可以预见的是，随着移动互联网的进一步发展，广告主体将会越来越多元化，从而为广告主提供更丰富、多元的选择。

3.1.2　广告信息：从单向到双向

本质上，广告属于信息传播的范畴，从消费者的角度来看，广告是其信息来源之一。但由于专业知识、审美观念等因素的存在，广告主和消费者之间存在信息不对称的问题。

在传统媒体时代，报纸、杂志、电视、广播等媒体呈现的信息相对有限，在格式、时长等方面也存在一定的限制，而且只能从广告商向消费者单向传播，从而使消费者的信息需求不能得到充分满足，缺乏足够的信息为其制定消费决策提供有力支持。

进入传统互联网时代后，网络媒体信息呈爆发式增长，而且传播渠道十分多元，消费者和企业之间能够进行双向传播，打破了广告时长、容量及成本等方面的限制，信息不对称的问题得到有效改善。之所以会发生这种转变，主要是由于以下 3 个原因。

大数据技术的商业化应用，引发了人类社会的颠覆性革新，海量的分散数据被整合起来，为生产生活提供有效指导。事实上，大数据技术作为一种通用技术，对人们的日常生活、商业及社会都有着深远影响，将会促使信息价值透明化。在大数据技术提供的强有力支撑下，广告信息能够充分满足用户的个性化需求，并为广告的信息传播奠定坚实基础。

作为移动终端接入互联网的核心入口及方式，App 应用提升了移动互联网信息的专业性，更加有利于提升用户对信息的专注度。App 通常是针对某一群体的需求而开发的，其主要是为该群体提供专业内容及服务，这能够充分保证信息的专业性，而且由于它能够满足用户在某一方面的需求，对用户有较高的吸引力，更加有利于广告的完全信息传播。

二维码的应用为线上与线下的深度融合提供了有效途径。二维码能够让消费者在线下场景中方便地接入互联网，通过诸多媒体平台获取想要的信息。营销人员能够对产品及品牌信息进行拓展，或者根据用户的个性化需求为其提供定制内容；消费者使用二维码可以获取信息或者得到优惠券等。

也就是说，消费者可以用更低的时间成本获取专业内容，满足自身的信息消费需求，并结合地理位置信息分析产品的性价比，最终制定适合自身的消费决策，这也为广告的完全信息传播提供了广阔的发展空间。

3.1.3　传播媒体：从多屏到跨屏

媒体是广告信息传播的重要载体，在科学技术的快速发展下，各种形式的媒体大量涌现，广告主能够通过更多的渠道投放营销信息。

在传统媒体时代，作为传播媒体的报纸、杂志及电视，再加上楼宇广告、电梯广告、公交及地铁站广告等户外媒体，是广告信息的主要传播载体，单向传递、一对多传递是其主要特征，广大民众通过有限的媒体渠道获取同质化信息，缺乏选择权。

互联网的出现打破了这种局面，信息传播渠道更为多元化，消费者能够与企业进行互动，有效改善了用户体验。与电视、报纸、杂志相比，PC对人们的吸引力更强，能让企业有更多的机会向目标群体传播广告信息，而且信息容量与时长也没有限制。

移动互联网的崛起，使广告信息接收终端突破了时间与空间的限制，在没有PC的移动场景中，消费者也能通过随身携带的智能手机、平板电脑等移动终端接收广告信息，并实时提供反馈建议。企业与消费者之间的实时沟通交流，使双方更容易建立信任，对营销推广具有积极的影响。

话语权得到有效提升的消费者会根据自身的需求选择合适的媒体，便捷、易操作的移动终端在吸引用户关注方面具有明显优势。所以，广告媒体需要从传统媒体时代的多屏传播，转变为利用各种App应用的跨屏传播。

移动阅读、移动视频、移动杂志等App应用是将传统媒体和移动互联网跨屏融合的产物；移动搜索、移动电商、移动网站等App应用则是将传统互联网和移动互联网跨屏融合的产物等。这些应用产品专注于自身所在的领域，根据用户的个性化需求为之提供专业而完善的服务，并和用户进行交流互动，不断提高并增强用户活跃度及黏性，从而吸引更多的广告主投放广告。

媒体之间的跨屏融合也能释放巨大的价值，例如，通过户外广告电子屏为用户随身携带的智能手机提供二维码，用户扫描二维码后可以获得促销打折信息、领取代金券等，此时户外广告电子屏就与智能手机屏产生了良好的联动效果，有效扩大和提高了户外广告媒体的覆盖范围及传播精度，对广告信息的传播具有积极的影响。

3.1.4 受众群体：从小众到精众

借助媒体获取广告信息的群体就是广告对象，也是广告信息的受众。在传统媒体环境中，广告对象是大众群体，企业在报纸、杂志、电视等传统媒体上投放广告就可以实现大范围的传播推广，由于当时的信息获取渠道太过单一，在这些传统媒体上投放广告往往可以取得良好效果。而随着人们个性化需求的不断提升，媒体市场也出现了面向小众群体的专业杂志、专业频道等。

进入传统互联网时代后，信息传播渠道的垄断被打破，人们可以自由地获取自己感兴趣的信息，从而使媒体进一步细分，面向细分群体的小众传播渐成趋势。企业在这种背景下投放广告时，更容易找到目标群体，在降低营销成本的同时，也有效提升了营销效果。

在这个时期，智能手机开始成为人们生活及工作的重要组成部分，而且它具有较强的私密性，传统互联网时代的 PC 可以同时被多个人使用，但手机是专属的，用户有绝对控制权。与此同时，在消费升级的驱动下，人们的个性化需求集中爆发，所以移动互联网时代的广告对象从小众转变为个体。

为每个用户定制广告信息，在掌握目标群体整体特征的同时，又要关注个体的差异性。通过 LBS(Location Based Service, 基于移动位置服务)、移动互联网、传感技术、大数据、云计算等技术手段，可以获取用户的实时状态信息，并结合智能手机为其推送定制内容满足其动态需求，当然，获取并应用用户数据必须确保不会泄露用户隐私数据。

广告对象从大众到小众再到个体，是媒体变革与消费需求变化下的必然选择。在个体需求被越来越重视的局面下，App 应用开发进入快速增长期，围绕人们的个性化长尾需求，开发相应的 App 应用满足其需求，各行业的细分市场得到了进一步拓展，给创业者及企业带来了前所未有的重大发展机遇。

当个体成为广告对象后，企业的广告营销变得更为精准、高效，能够通过为用户定制内容（需要强大的智能算法提供支持)影响其消费决策,使企业和消费者建立更为密切的连接关系,为消费者提供优质的产品及服务。

3.1.5 广告效果：从精准到匹配

广告对产品销量、品牌知名度等产生的影响就是广告效果，是广告目标完成度的直接体现。影响广告传播的因素十分复杂，从而给广告效果的预测及评估带来了一系列挑战。在传统媒体时代，广告信息传播是一种单向线性传播方式，广告在广告对象中的到达率及接触率是考核广告效果的核心指标。例如，报纸广告通常采用发行量及阅读率考核，电视广告则主要通过毛评点、收视率考核等。

进入传统互联网时代后，得益于互联网的双向传播特征，消费者在接收广告信息的同时，可以对广告信息进行评论、分享等，并且会在网站后台留下痕迹，从而为广告效果的考核带来了极大的便利，企业可以了解自己投放的广告是否会对目标群体产生影响。

对广告主来说，最为理想的状态是在合适的时间将合适的广告内容推送给合适的广告对象。**要想达到这种效果，需要根据网络中的用户数据分析目标群体的个性化需求，并快速、高效地生产出其感兴趣的内容。**从诸多的实践案例来看，在传统互联网时代，这并不具备落地基础。

进入移动互联网时代后，互联网企业尤其是平台型企业掌握了海量的用户数据，并且基于大数据、云计算、人工智能等打造了强大的信息系统，从而能够对目标群体进行"一对一"的营销推广。与此同时，互联网企业可以通过为消费者创造特定的内容消费场景，精准挖掘用户的个性化需求，并通过 App

应用推送满足用户需求的个性化内容，有效提升营销精准度。

通过掌握用户位置、行为，并结合时间、天气等因素，可以分析用户当前的精神状态，预测其对广告内容的接受度，从而决定是否推送广告以及推送什么形式的广告，这能够有效改善用户体验。以消费者使用智能手机进行搜索为例，这种场景下用户的信息需求格外强烈，企业可以根据其搜索的内容，以及所处位置、天气等信息分析其获取信息的目的，然后根据这种目的推送个性化内容。

例如，发现用户在购物中心搜索服装时，门店营销人员要及时为其推送位置信息、代金券等；用户搜索美食街附近的停车位时，营销人员在为用户提供停车位信息的同时，还可以提供各餐厅的桌位信息、美食信息等。对消费者来说，他们希望的是能够以较低的时间成本购买真正适合自己的产品及服务，营销人员能否充分满足这种需求，就成为广告是否达到预期效果的核心。

3.2　移动互联网时代的广告受众特征

3.2.1　自主性：用户参与生产内容

近几年，融合了无线网络、新一代通信技术等诸多技术的移动互联网以不可阻挡之势迅速席卷全球，并引发了各个产业的革命。智能手机的快速普及，为人们接入移动互联网奠定了坚实基础，流量从 PC 端向移动端转移，并催生出面向各种细分领域的海量 App 应用产品。在移动互联网引发的巨大变革浪潮面前，广告业同样迎来转型升级期。

未来，智能手机、平板电脑等移动终端将会成为人们使用互联网的主要工具，移动营销将会成为企业提高产品销量及品牌影响力的核心营销方式。由于用户流量的影响，在移动端投放广告将比在传统媒体及传统互联网端投放广告更具性价比。尤其是广大消费者在移动端所表现出来的参与信息传播过程中的积极性，将会为企业的广告营销带来极大的便利。

对广告商来说，媒介革新不仅给人类生活及工作带来深远的影响，更为关键的是，广告市场也变得更具想象空间。从诸多的移动互联网广告实践案例来看，社交媒体广告、游戏植入广告、LBS 定位签到广告等移动广告已经展现出巨大的潜在价值，而且目前已经初步建立了相对完善的产业链。

和传统媒体广告以及传统互联网广告相比，移动互联网广告变得更为精准，实现了营销人员和受众的实时互动，更容易引发用户的主动传播，而且解决了营销效果难以考核的痛点。

除了大众广泛认知的广告的目标受众、诉求对象，部分业内人士认为利用媒介接触广告信息的群体是广告的媒介受众，即广告受众。而本文分析的重点是在移动互联网时代，广告受众在行为特征、人群属性层面的改变，是将广告产品或服务的潜在消费对象作为广告受众进行分析。

世界著名传播学者丹尼斯·麦奎尔（Denis Mc Qual）指出，引发传播革命的，绝非简单的信息传播方式革新，或者目标群体在不同媒介中停留时间的变化，正如很多科技革命一般，传播革命的直接驱动力是技术突破。而传播革命所引发的广告受众变革，是多种综合因素影响的结果。影响广告受众变革的因素包括生活方式及消费理念的转变、技术及硬件设备的推广普及、内容规模的快速增长和宏观政策调整等。

广告受众的广泛参与是互联网广告的典型特征，不仅参与广告内容的生产，而且参与广告内容的传播。在广告内容生产层面，广告受众的参与催生出新的广告模式——UGA（User Generate Advertising，用户生产广告），**这种广告能够将网民的原创内容和企业产品及品牌信息融合起来，实现创作者、企业及媒体间的合作共赢。**广告受众不再只是被动的信息接收方，在广告的生产、传播、消费等一系列环节拥有了更大的话语权。

移动互联网的崛起，使 UGA 广告模式得到了进一步发展。在传统互联网时代，用户制作广告内容尤其是视频内容的成本相对较高、从拍摄到上传视频内容之间有一定滞后性等，而这些问题在移动互联网时代得到了很好的解决，广告内容生产及传播的成本大幅降低，信息来源更为多元化，为用户制作优质的广告方案奠定了坚实基础。

在移动互联网媒介环境中，广告受众生产并传播广告的 UGA 广告模式得到了大规模的推广普及，尤其是智能手机、平板电脑等移动终端产品的更新迭代周期越来越短，性能更加强大，和视频相关的各种 App 应用层出不穷，为移动互联网媒体不断走向成熟提供了强大推力。

3.2.2　精准化：受众群体精准细分

受众精准化指的是移动广告受众的细分以及新受众群体的出现。从社会演进的方向来看，生产力及经济发展水平的不断提高，使人们的消费选择更为多元化，生活方式和价值理念也变得更为个性化,在此基础上形成了不同特性的细分群体。

例如,对于智能手机等移动终端产品,人们的选择就出现了明显的差异,苹果、三星、华为、小米、魅族、vivo 等诸多手机品牌都有自己的忠实粉丝。性别、年龄、职业、收入、受教育水平等诸多因素都可能影响人们的消费选择,从而导致细分群体越来越多。

从网络媒体的发展情况来看,互联网时代和移动互联网时代的受众群体细分也有所不同。互联网基础设施建设的不断完善,以及移动终端的推广普及,使网络媒体成为一种大众消费品。

对大部分人来说,购买 PC 并非一件困难的事情。和 PC 相比,智能手机具有更强的私密性,不同的手机用户可能在品牌选择及消费习惯方面有着明显差异,对内容产品的消费更为个性化,因此,营销人员需要针对不同的受众群体定制生产内容。

移动互联网终端的技术特性,为企业对广告受众进行精准定位打下了坚实基础。新技术及统计工具的应用,使营销人员通过移动互联网追踪用户行为成为可能。在对目标群体的网络行为进行分析后,可以为之描绘用户画像,从而实现广告内容的定制生产及传播。这种情况下,营销人员视角下的广告受众将变为一个个小众群体甚至是个体,在确保最终的营销效果的同时,还能改善用户体验。

受众长尾化也是移动互联网广告受众细分的重要体现。各行业的各个细分领域的 App 层出不穷，使受众长尾化的特征更加突显。在打破了时间与空间限制的移动互联网时代，长尾市场受到了企业界的广泛关注。长尾理论的逻辑在于，当产品的流通空间足够广泛时，那些销量较低或需求较低的小众市场整合后的市场份额，能够达到或超过少数畅销品所占据的市场份额，企业切入小众市场同样能够获得较高的利润回报。

挖掘长尾市场商业价值的基础是存在利基市场，而且能够以较低的成本和目标群体对接。具体到移动互联网领域，小众市场需求的驱动，以及 App 应用开发及发行门槛的大幅降低，促使 App 市场更加长尾化。

例如，在网民低龄化的背景下，庞大的儿童市场吸引了越来越多的创业者及企业切入儿童互联网领域。智能手机及平板电脑的推广普及，提高了儿童互联网企业开发 App 应用产品的积极性。行业热度的持续增加，又吸引了在资本及技术等方面具有明显领先优势的互联网巨头，包括百度、腾讯、阿里巴巴在内的互联网企业，都对儿童互联网市场表现出了极高的兴趣，纷纷推出了婴幼儿教育、儿童游戏、亲子旅游等各种移动互联网产品。

容易冲动消费的女性消费群体向来是企业界关注的重点，随着微信支付、支付宝等移动支付工具的推广普及，再加上二维码技术的应用，为女性用户随时随地使用移动终端购物消费提供了极大的便利，针对女性用户群体开发的蘑菇街、美丽说、米奇网及聚美优品等 App 应用也大量涌现。

在生活水平不断提升的背景下，人们的需求会变得更加个性化，再加上企业为了实现差异化竞争而不断探索新领域，必然会导致广告受众精细化。而面对这些个性化的细分群体，营销人员需要分析其消费心理、购买力、兴趣爱好等诸多数据，从而实现精准营销。

3.2.3　社交化：社交媒体传播裂变

受众社交化体现了人们在社交圈内交流互动的同时，也促进了企业广告信息的传播推广。在人们的生活及工作中，社交工具已经成为一个重要组成部分，无论是使用频率，还是使用时长，都处于较高的水平。电商、搜索等各种互联网应用产品都在尝试增加社交模块，从而延长用户的停留时间、改善用户体验、通过增值服务获取新的利润来源等。

智能手机等移动终端的随身携带性、操作便捷性等特征，为社交工具的快速发展提供了有力支持。而掌握了社交传播原理的营销人员，利用人们在社交媒体中的社交及娱乐等方面的需求，使广告信息传播的范围及效果得到了进一步提升。在社交媒体投放符合目标群体需求的广告，可以使其主动在社交圈内对广告信息进行传播及推广，基于人与人之间的信任关系，这种营销方式远比硬性推广要有效得多。

移动互联网时代的广告受众之所以会具有社交化的特点，主要是由于广告受众的人群属性决定的。这些受众群体较为年轻，具有较高的受教育水平，购买力也有所提升，他们愿意在社交圈向自己的好友推荐优质产品及服务。当广告内容迎合消费需求，而且具有较强的感染力时，广告受众的人群属性以及社交媒体的强大影响力，会使企业实现精准营销，并增强用户黏性。

极具创意的箭牌益达"酸甜苦辣"系列广告，被营销从业者视为移动互联网广告的经典之作，制作该广告的广告商也获得了"中国最杰出广告宣传作品代理机构"的奖项。"酸甜苦辣"系列广告是用多个不同时期播放的广告片段，组成一个完整故事。此前，这类广告在公益广告中的应用较为普遍，商业类广告案例较少。

益达"酸甜苦辣"系列广告在带动产品销量的同时，更提高了品牌价值。用户主动在社交媒体的分享传播，无疑是该广告取得成功的重要基础，那些乐于接受新鲜事物的年轻群体对这种极具创意、好玩有趣的广告传播尤为热衷。

既有营销价值，又有娱乐价值，是广告信息能够在社交媒体中广泛传播的关键，在"酸甜苦辣"系列广告中，益达的产品及品牌融入故事中，人们在了解故事、传播故事的同时，其消费决策在不知不觉间被影响。当然，策划出这种优质的广告方案，需要营销人员充分发挥自身的创造力，并精准分析用户需求。

3.3 HTML5 在移动广告中的应用策略

3.3.1 HTML5 的概念、内涵与特性

2014 年 10 月，HTML5 标准制定工作宣告完成，标准正式定稿，标志着一种新的语言代码问世，随后各大浏览器纷纷在技术层面进行了升级，HTML5 长达 8 年的探索宣告结束。从 2010 年开始，苹果从不支持 FLASH 到支持 HTML5，再到 facebook 大力推行 HTML5 标准，再到 2015 年 1 月，谷歌将 YouTube 的默认格式更换为 HTML5，将 FLASH 广告代码转换为 HTML5，再也不支持在含有 Flash 格式的设备与浏览器上投放广告，标志着 HTML5 进入了全面爆发阶段。

结合移动互联网广告的发展，在智能手机尚未出现的 2003 年，手机的功能非常单一，主要功能只有通话和短信，人们与移动端广告接触的形式多为短信、彩信、手机报等，形式比较单一，移动端广告的发展比较落后。后来，进入 Web 时代之后，借助 GPRS，人们可以通过手机浏览器浏览网页新闻，登录网页版 QQ。

后来，随着科技迅猛发展，Symbian 系统开始流行，在智能手机的驱动下出现了各种类型的 App，并产生了"富媒体"一词，各种音频、视频结合在一起丰富了广告形式，横幅广告、信息流广告、展开广告随之出现，成为一个时代的标志。但是这些广告多属于单向信息传播，缺乏交互性，产生了诸多问题，逐渐被市场淘汰。

德国的移动应用营销平台 Trademob 从点击量方面对移动端 banner、信息流广告、展开广告开展了数据调查，对全球 600 多万次的广告点击数进行研究，发现广告的无效点击率为 40%，误点率为 22%，欺诈性点击率为 18%，真正有效的点击率只有 20%，由此可见，从广告投放与所产生的效益方面来看，广告价值的实现非常不易。

移动端广告市场有巨大的发展潜力，H5 代码将手机端的视频、音频、文字平台连接在一起，让移动互联网广告从本质上实现了变革与创新，媒体互动与视频、音频、动画效果相结合的时代已然到来。

W3C 对 HTML5 的定义：HTML5 是 HTML 版本诞生 10 年以来，Web 开发标准的一次巨大的飞跃，是 W3C 与 WHATEG 联合开发的结果，将成为 HTML、HTMLDOM、XHTML 的新标准，不仅能用来对 Web 内容进行展示，还能引领 Web 进入一个成熟的应用平台，在这个应用平台上，视频、音频、动画、图片与电脑的交互都能实现标准化。

HTML 的全称是 Hyper Text Markup Language，意思是"超级文本标记语言"，是一种在互联网的基础上形成的网页编程语言，诞生于 1994 年，发展到现在已经成了网页编程的行为规范。HTML5 有诸多特性，如本地存储、网页多媒体、设备兼容、三维图形与特效、CSS3、性能与集成等，具有以下优点，如图 3-1 所示。

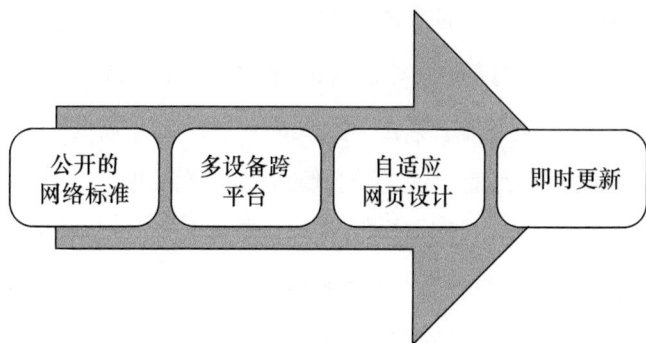

图 3-1　HTML5 的优点

◆ **公开的网络标准**

HTML5 是几百家公司联合开发的结果，是一项公开的技术，这些公司的每个公开的标准平台都可以访问 W3C 数据库，从中寻找资源，同时，W3C 也可以通过 HTM5 在每个平台上实现。

◆ **多设备跨平台**

多设备跨平台指的是以 HTML5 的设备兼容特性为依据，

各大互联网公司旗下的设备能实现有机结合，即用 HTML5 制作的网页版 App 既可以在微信上打开，也可以在微博上打开，还可以在 facebook 上打开，甚至可以通过封装技术发送到 App Store 或 Google Play 中去，因此，HTML5 备受人们追捧。

◆ 自适应网页设计

在制作网页的过程中，如果制作人按照一定的尺寸制作图片，或许通过 21 寸屏幕显示出来的内容比例与排版恰到好处，但 14 寸屏幕很有可能只能显示网页的中间部分，网页四周的很多内容无法显示出来，并且排版会显得过大，视觉效果不佳。但通过自适应网页设计，这些问题都能得以有效解决。

那么什么是自适应网页设计呢？简单来说，自适应网页设计指的就是以手机、平板电脑的尺寸为依据对网页大小比例进行调整，自动适应不同版本、不同尺寸的手机与平板电脑，让其在不同媒介上呈现同样的内容，只是尺寸大小不同而已，让屏幕效果达到最佳。

◆ 即时更新

用户在使用 App、浏览器的过程中经常会遇到版本更新问题，版本更新意味着要重新下载、安装，非常耗费时间。而使用 HTML 制作的网页版 App 能及时更新，更新速度极快，只需一个刷新页面的时间就能实现更新。

随着经济迅速发展，人们生活水平逐渐提升，手机端广告将实现迅猛发展。某机构预测，到 2019 年，在广告总收入中，移动广告收入的占比将达到 3/4，户外、报纸等固定广告所占份额将逐渐下降。无论网络程序语言如何开发，移动端为主的趋势已然形成。

3.3.2 基于 HTML5 的广告制作变革

HTML5 给移动端广告带来的变革主要表现在 3 个方面：**一是制作，二是广告投放形式，三是广告投放人群。**下面，我们就从移动互联网广告制作角度切入对 HTML5 在广告方面产生的变革进行分析，如图 3-2 所示。

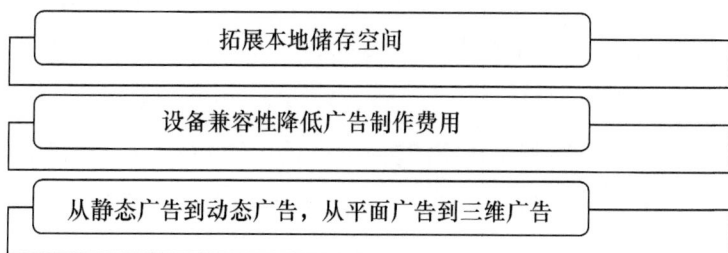

图 3-2　基于 HTML5 的广告制作变革

◆ **拓展本地储存空间**

HTML5 的本地存储特性指的是以 HTML5 AppCache 技术为基础，用 HTML5 制作网络版的 App，将本地存储大小限制从原有的 4KB 拓展为 5MB。这就表示，移动互联网的广告容量越来越大，内容越来越丰富，画面感与震撼力越来越强，启动时间与联网速度越来越快。并且，只要用户有过浏览 HTML5 制作的网页版 App 的经历，待浏览器关闭之后，用户浏览过的信息就能通过 Global Storage 存储下来，为页面共享。这就表明，移动互联网广告的平面图片或 GIF 动图将变得更加丰富。

◆ 设备兼容性降低广告制作费用

HTML5 的设备兼容性指的是在 HTML5 制作的网页与外界之间连接无数条数据线，将浏览器与外部资源直接联系在一起，让不同设备之间的数据无须数据线就能实现直接交换。HTML5 制作的网页拥有很强的跨平台性，可以在微信、微博、facebook 等多个平台上打开。过去，广告主要想在不同的平台发布同一则广告，由于平台之间的代码不兼容，需要使用不同的浏览器或 App 打开。

例如，某品牌无法将淘宝平台上的广告页面直接搬到京东或亚马逊平台，因为它们之间的兼容代码不同，如果照搬就会导致乱码现象产生。但是 HTML5 设备有非常高的兼容性，使用 HTML5 制作的广告可以随意地搬到 UC 平台、Opera 游戏中心或 facebook，有效地降低了广告制作成本。

◆ 从静态广告到动态广告，从平面广告到三维广告

现阶段，banner 广告、信息流广告、展开广告等移动互联

网广告采用的都是平面广告形式，他们之间的差异主要体现在插放形式与图片大小方面。HTML5 代码能迅速将视频、音频结合起来，让资源兼容与代码变得更加简单，有效避免资源跨域。以平面作品创作为基础，HTML5 使用 CSS3 对图片进行分割，加入三维、旋转等效果，让静态广告变成动态广告，让平面广告变成三维广告。

受这种广告形式的吸引，用户会主动进入广告界面，之后用户首先会听到音乐，接着会主动体验一些 Flash 效果或小游戏，成为广告受众甚至是广告传播者，从而提升广告的传播效率。例如，央视春晚推出的整点抢红包活动，用户打开微信的摇一摇功能就能参与活动抢红包，这个活动就产生了非常好的广告互动效果。

借 HTML5 定制页面构建抢红包场景，用户使用手机摇一摇或扫描二维码就能和朋友分享自己的成果，而朋友也能通过分享页面的链接参与活动。在和广告互动的同时，用户还扮演了传播者的角色，推动广告实现了广泛传播。

3.3.3 基于 HTML5 的广告投放变革

移动端广告的投放形式有以下几种，分别是展开广告、插屏广告、积分墙、App 内的横幅广告设计和信息流广告。这些广告投放形式的广告投放都有一定的针对性，例如，信息流广告必须以社交类 App 为载体，积分墙广告必须放在下载类软件中，等等。这些广告有一个共同点，就是他们之间相互独立，广告投放形式无法转换，类似于户外的广告牌，广告位置及尺寸固定，必须按固定的样式投放。

如果将上述广告比作一个个孤岛，那么 H5 就是一个个孤岛组成的陆地，是一个超级 App。使用 HTML5 制作的网页版 App 是一个 App，也是一个浏览器的集合，展现形式不分浏览器、App 与系统，通过任何一个浏览器或 App，甚至是手机 QQ 就能观看 HTML5 广告。对 HTML5 广告来说，整个社交媒体都是它的传播平台，围绕浏览器形成了一种多屏互动方式，有非常明显的优势。这种广告形式打破了原有的规则，尺寸不再固定，手机将成为主要渠道入口。

从本质上看，HTML5 就是一种网页语言，它可以加入代码开展系列追踪，可以收集非常精准的数据。通过精准的数据设计一系列特定的场景，在特定的场景中实现广告的精准投放，并且受众会主动与广告交互，或者主动与朋友分享广告信息，从而提升广告效果。例如，根据用户发表的朋友圈内容，微信平台可判断该用户的生活水平；在春节这种特定场景中，广告主可面向特定人群开展抢红包活动，还可以面向游戏爱好者制作小游戏进行交互，等等。

2016 年 2 月 26 日，facebook 发布了一个以特定产品为核心制作的 HTML5 网站——交互式 HTML5 网站广告，网站展示了视频、图文、幻灯片等诸多内容，通过点击或滑动屏幕，用户可获取需要的产品信息或品牌信息。同一天，微信朋友圈也推出了 HTML5 网站广告发布平台。

总而言之，每个时代都有自己的标志，HTML5 为广告主开展移动营销提供了一个契机。在"移动＋社交"的传播时代，具有简单、灵活、快捷、时尚等特点的 HTML5 广告营销丰富了受众的感官体验，吸引了绝大多数用户的注意，进而将价值转化变成了现实。现如今，不只互联网公司与移动互联网认识到了 HTML5 广告的价值，传统企业也开始关注 HTML5 广告，HTML5 为移动互联网广告带来了巨大的变革。

3.4 App 广告营销模式的价值与应用

3.4.1 App 时代的广告营销新模式

现如今,移动互联网实现了迅猛发展,人们对智能手机的依赖度越来越高,推广广告的方式发生了巨大的改变,越来越多的广告商将移动端视为广告投放的主方向。随着移动互联网的发展,移动广告营销的价值逐渐显现了出来。

从独具号召性的传统广告到具有关联性的互联网广告,再到精准性的移动应用广告,广告已切实融入了人们的生活,成为一个时代发展的主要标志。而随着互联网时代的到来,再加上大屏触控移动终端的流行,在各类操作系统基础上开发的移动 App 成了一种全新的广告载体,在"第五媒体"领域,移动应用广告衍生出一个广阔的蓝海市场。

移动应用广告(App 广告)是移动应用与广告的结合体。移动应用广告通过在移动应用程序投放促销信息或品牌信息开展营销,从平面、桌面到平台化整合实现了跨越式发展,具备精准性、互动性、位置性、长尾性等特点。

新技术不仅会催生新应用，还会使传统的广告模式发生巨大的改变。受移动互联网技术的推动，与传统的广告模式（TEXT、弹窗、banner 等）相比，互动视频、广告条、品牌应用等新兴的广告模式更生动，吸引力更强，更容易被用户接受。

现如今，在移动终端基础上发展起来的 AR 技术、二维码、LBS、近场通信等新技术正处在探索阶段，在这些技术的作用下，移动广告现有的发展模式将发生显著的变化，发展前景更加广阔。

在移动互联网时代，广告行业利用新技术对广告模式进行创新，通过为客户提供差异化的内容使其长尾化、个性化、多样化、碎片化需求得以满足。例如，未来，近场通信技术将取代条形码与二维码，其与 LBS 技术的结合使用将引领广告营销模式的创新。

随着触屏技术的发展，App 广告与触屏技术相结合，能在很大程度上增强广告的互动性与趣味性。例如，将传统的点击打开广告页面转变为手指滑动打开；利用智能手机的重力感应特性，让用户摇动手机、激活互动。可口可乐就利用智能手机的重力感应特性开发了一个有趣的小游戏，用户摇动手机，瓶子中的泡沫就能喷涌而出，为用户带来强有力的视觉冲击。

另外，利用 3D 技术展示商品细节，将其与智能手机的触屏功能、重力感应功能结合，能有效提升交互体验，使移动手机广告更有趣。同时，触屏交互设计还能将智能手机的独特性能充分体现出来，让用户在交互的过程中获得惊喜，让广告更有感染力。

◆ 广告受众

中国互联网络信息中心于 2017 年 8 月发布的第 40 次《中国互联网络发展状况统计报告》显示，截至 2017 年 6 月，我国手机网民规模达到了 7.24 亿，使用手机上网的网民在全部网民中的占比达到了 96.3%。在广告领域，与电视广告及传统的网络广告相比，超过 55% 的用户更喜欢移动广告，超过 45% 的用户会注意移动广告。

通过对这些数据进行分析我们可以得出以下结论：**第一，App 广告的受众规模庞大，市场发展前景异常广阔；第二，作为重要的智能手机应用，App 广告渗透到了人们生活的各个领域，与人们的工作、生活密不可分；第三，App 广告更容易被受众接受，其中蕴含的价值更容易被受众挖掘、感知。**

◆ 广告载体

（1）App 应用程序能满足用户的核心需求

App 应用程序主要有 4 类，分别是通信和社交网络应用程序、娱乐类应用程序、系统及效率型应用程序和网络游戏类应用程序。对这几类应用程序进行分析可以发现，这些应用程序都使受众在社交、休闲娱乐等方面的核心需求得到了有效满足，引发了受众的高度关注。除此之外，App 应用程序还能根据海量的用户信息对用户需求进行预测，以非常人性化的方式帮助用户解决问题。从这方面来看，App 应用程序极具价值。

（2）App 广告形式非常丰富

广告主可以根据手机用户的属性信息对 App 的广告形式进行科学的设计，实现精准营销。例如，近年来异常火爆的手机族群论（手机族群包括折扣族、搜索族、微博族、签到族等）就为 App 广告的精准投放提供了科学依据，

（3）在多媒体表现、位置服务、互动性等方面极具优势

与传统的广告载体相比，智能手机在多媒体表现、位置服务、互动性等方面极具优势。智能手机与互联网金融等增值服务相结合，既能实现精准营销，又能推动更多受众转换为消费者，提升转化率。例如，移动广告可以以用户喜好、位置、时间等信息为依据，快速、准确地为用户提供能够满足其需求的广告，并同时为其提供移动预订及支付服务。

◆ 广告效果

手机广告在广告认知、品牌认识、品牌美誉、信息关联和品牌预购 5 个方面的沟通效果比 PC 端广告要好很多。并且，App 广告中的链接还能将广告宣传发展为产品试用或购买，加强与消费者的关系。

同时，用户的口碑传播与连锁效应还能有效拓展广告的传

播范围。另外，通过移动广告平台，广告主能对广告投放数据全程监测、分析，还能以数据分析结果为依据优化广告发布策略，如广告投放时间、地点、媒体、对象、区域等。

3.4.2 App 广告营销的特点与价值

App 广告营销的特点与价值，如图 3-3 所示。

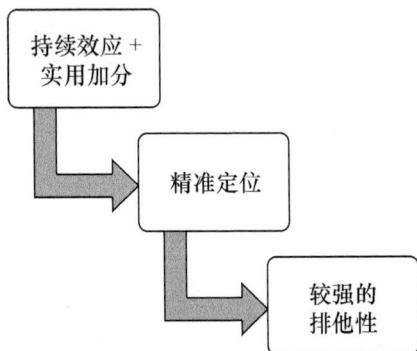

图 3-3 App 广告营销的特点与价值

◆ 持续效应＋实用加分

只要用户在自己的智能手机或平板电脑上下载 App，且能接入互联网，App 广告就能显示出来。并且，只要用户使用 App，App 广告就会主动出现。从这方面来看，App 广告的覆盖率比较大，持续性也比较好。

另外，某些 App 广告具有很强的实用性，能为人们的工作与生活提供诸多有益的帮助。例如，在饮食搜索领域，通

118

过大众点评 App，用户可以看到附近的餐馆及网友给出的评价，某些 App 甚至还能根据用户的饮食偏好为其推送更精准的信息。

◆ 精准定位

因为手机用户具有唯一性，所以手机 App 广告能以受众定位、时间定位、区域定位、媒体定向为依据对企业的目标用户进行精准定位。与互联网广告相比，手机 App 广告显然更加精准。手机 App 广告可以以用户所处的地理位置、手机机型、手机操作系统、手机价格、手机品牌等信息为依据投放广告。以苹果手机为例，因为苹果手机的价格都在 4000 元以上，因此苹果可以以价格为依据对受众进行精准划分，开展定向投放，这就是手机 App 广告的价值所在。

移动互联网时代是一个"技术为王"的时代，在这个时代背景下，谁能利用移动技术不断地推送符合用户需求的应用广告，谁就能在市场竞争中占据有利地位，重构广告市场格局。未来，LBS、近场通信、语音识别等移动新技术将引领移动应用广告的发展，颠覆现有的广告市场格局。

例如，云服务将成为移动应用广告领域的一大商机；数据分析将通过整合海量、碎片化数据对广告投放条件进行分析；交互性指的就是 TEXT、banner 等传统广告模式将被淘汰，互动富媒体广告将使用户产生更优质的广告体验；未来，使用移动搜索功能搜索产品与服务的人数将持续增加，搜索技术仍处于关键地位。贴合用户指的就是以时空的移动定位特点为依据，贴合用户行为对广告进行精准投放。

◆ 较强的排他性

在 PC 广告时代，一个屏幕汇聚了众多广告，使广告效果大打折扣。而在移动应用广告时代，App 广告的排他性非常强，一则 App 广告可以独占一个屏幕。

在 BMW1 系上市期间，宝马公司一边抢占有道词典的触发式广告 banner，另一边以有道词典的受众互动平台为支撑在其客户端首页的"每日英语"中植入广告，通过邀请用户参与"英语题目"将其品牌信息与有道词典的日常应用互动功能融合，开展内容植入式推广。通过这种方式，每天最少有 10 万人次参与答题，BWM 有效查询次数也增加了 5000 次。

内容创新要遵循商业标准优先原则。这里的商业标准不是广告平台或开发者制定的，而是通过产品销售，受利润驱动形成的，深受市场导向的影响。现阶段，知识性的、交互性较好的 App 备受手机用户青睐。例如，专注于葡萄酒知识的 App 深受城市白领的欢迎，葡萄酒品牌就可以借这类 App 传播品牌信息。

从企业的角度来看，以知识性 App 为入口进行传播，调动受众情感，引发受众共鸣，将产品特性与消费者的认知度结合在一起，能让产品信息、品牌信息与消费者实现深度融合，让消费者在学习葡萄酒知识的过程中接触品牌信息，从而加深消费者对品牌的记忆。

总而言之，App 广告营销就是以技术催生创意，以创意激发情感，用情感吸引消费者参与，将线上与线下结合打造一个立体化的营销策略，让用户享受到更加优质的广告体验。

3.4.3　App 广告的发展瓶颈与策略

虽然 App 广告有广阔的发展前景，但现阶段，App 广告还存在很多问题。

（1）优质的手机 App 比较少。App 是移动广告的载体，一款优质的手机 App 能积聚庞大的用户群体，创造巨大的收益。但目前，市面上的优质 App 比较少，大多数手机 App 将工作重点放在了客户培育方面，没有使用内置广告的盈利模式，盈利困难，使 App 广告的发展受到了一定的制约。

（2）广告内容缺乏创意。现阶段，大部分 App 广告仍处在展示或传播信息阶段，广告内容尚未实现产品、服务与目标消费群体的紧密结合。

（3）App广告技术尚未成熟，网络速度及终端显示问题对很多用户的观看体验产生了不良影响。

（4）移动上网成本较高，使用户观看App广告的积极性深受打击。

（5）缺乏一个成熟的第三方监测系统监测App广告效果，使很多广告主对移动广告带来的实际收益心存疑虑。

面对App广告出现的各种问题，人们可采取以下策略予以解决。

（1）优质App要主动从资源、软植入等方面与广告主开展合作

App的核心是帮用户解决问题，满足用户某方面的需求；同时，广告主投放广告也有自己的目的，有为了达到目的所采用的方式。App广告要想盈利，就必须将用户需求与广告主目的相结合。

（2）借富媒体提升用户体验

为解决App广告内容创意不足的问题，在不影响用户体验的情况下，App可与富媒体等有超强表现力、应用范围更广的媒介形式深度整合，使其成为重要的广告展示形式。

（3）构建专业的第三方监测体系

App是一种新型的广告样式，为了确保广告投放策略的科学性、有效性，广告主在投放广告时需要权威数据的指导，所以，专业的第三方监测体系亟须构建。

除此之外，App广告的发展还需要更多因素的支持，如电信运营商提供合理的资费；App开发商提供完善的技术服

务，政府机构围绕移动广告制定相关的法律法规等。总而言之，App 广告要走向成熟与完善还需要很长一段时间。

3.4.4 金创景的 App 广告策略

当移动互联网的应用在世界范围内普及开来，依托手机平台出现的第三方应用软件纷纷崛起，并对人们的生活产生深刻影响。广告主则将移动 App 视为重要的推广渠道，并通过布局 App 进行更大范围的品牌推广。

可见，企业在品牌营销环节面临激烈的竞争，而要在竞争中掌握更多的主动权，就要使自身发展符合移动时代，把握移动时代需注重的营销重点，突显企业的差异化竞争优势。

作为河南广告行业的知名代表，金创景广告文化传播有限公司（以下简称"金创景"）紧跟移动营销的发展趋势，率先搭建 App 广告平台，服务于本省的广告主及存在营销需求的企业，根据企业的具体情况及实际需求，制定极具针对性的移动营销方案，使企业抓住移动营销的契机进行品牌推广，助力于本省企业的发展。

◆ 拥有规模庞大的优质 App 群

金创景推出移动广告服务平台——in apps，能够为企业及广告主提供符合其需求的营销方案，并帮助企业进行品牌推广。该公司拥有规模庞大的 App 媒体资源且具备可靠的质量保证，公司以媒体资源库的方式对各类优质 App 进行管理，具体类型包括阅读类、资讯类、社交类、游戏类等，其总体规模超过40000 款，在一天之内，其营销传播信息的页面浏览量可达 2 亿，能够帮助企业在不同媒体平台推广品牌。

◆ 类型丰富的广告传播方式

in apps 平台拥有类型丰富的广告传播方式，能够满足企业在营销推广方面的多样化需求，具体方式有互动广告、横幅广告、视频广告等，广告主及企业应在把握自身产品特征及发展需求的基础上，找到与自身产品及品牌相匹配的广告形式，有效增强广告本身的传播效果及感染力，从而促进产品的销售并从中获益。

◆ 针对性的广告投放

在传统模式中，广告主在通过互联网企业进行营销推广的过程中，存在严重的资源浪费现象，之所以出现这样的问题，主要是因为营销缺乏针对性。对广告主而言，要实现精准营销是非常困难的。针对这种情况，App 广告平台能够为其提供有效的解决方案。金创景在综合考虑媒体特征、网络运营商、消费者行为习惯及用户偏好的基础上制定广告投放方案，能够根据不同时间、不同的手机品牌、用户偏好、消费习惯等调整营销策略，从而实现精准营销与定向营销，能够减少资源浪费，为企业带来更多的利润，并帮助企业控制成本。

◆ 分步骤实现的移动营销

金创景在 App 广告平台运营过程中，始终追求实现精准营销与定向营销，并致力于完善各个环节的运营，提高整体运营效率。其移动营销过程分为以下 3 个阶段：**首先，金创景会把握客户的发展情况及具体需求，瞄准目标受众群体，进行准确定位；其次，金创景会根据目标受众的特征，决定通过哪些 App 平台推广，并实施精准营销；最后，为达到理想的营销效果，金创景的 App 广告平台会帮助企业对营销过程进行监管，发现操作过程中的不足，在出现问题后及时纠正，增强广告传播效果。**通过以上 3 个阶段的运营，为移动营销保驾护航。

随着移动营销的快速发展，企业逐渐认识到 App 移动广告传播的价值，面对激烈的营销竞争，只有那些能够吸引用户关注的企业才能在竞争中占据优势。

第**4**章

原生广告：
内容经济下的创意广告实战

4.1 以优质内容为核心的原生广告模式

4.1.1 原生广告的起源发展与特征

早在 1963 年，现代广告大师大卫·奥格威（David Ogilvy）就发现，与"广告化"的广告相比，"编辑式"的广告更能吸引受众，更容易被人们观看、阅读。因此，广告人要学习杂志的图文编排手法，尽量规避常规的广告版面设计。

直到现在，即便科技实现了迅猛发展，智能设备得到了普及应用，但在广告市场上，极富创意且能广泛吸引消费者注意的广告依然是稀缺资源，尤其在移动设备上，这类广告一旦出现就会备受广告主与媒体追捧。

在这种形势下，风投家 Fred Wilson 率先提出了"Native Advertising"（原生广告）这个概念，其对这个概念的描述：**原生广告是一种发起于网站及 App 用户体验的盈利模式，广告内容是驱动力，并实现了对网站及 App 可视化设计的整合。**简言之，**原生广告就是融合了网站、App 本身的广告，是网站、**

App 内容的一部分，其典型代表有谷歌的搜索广告、Twitter 的 tweet 式广告和 facebook 的 Sponsored Stories。

维基百科对原生广告的定义：在用户体验中，广告商试图以为用户提供有价值的内容吸引用户注意，虽然是一种付费广告，但从表面上看与正常内容无异，原生广告就是这样一种互联网广告形式。

原生广告有很多形式，如视频、文章、图片、音乐等。正如"一千个读者心中有一千个哈姆雷特"一样，一千个人眼中也有一千个原生广告。在展示形式方面，原生广告要根据媒体的上下文环境选择合适的展示形式。

原生广告强调要与周围的产品内容相融合，该特性在移动端得到了充分体现，既不会使用户与移动 App 交互的连续性受到影响，又能保证用户体验达到最佳。

原生广告受广告内容驱动，对网站及应用本身的可视化设计进行了有效整合。原生广告的广告形式具有一定的隐藏性，不会被受众一眼看穿，也不会对应用的正常操作产生干扰。总体来看，原生广告具有三大核心特征。

（1）视觉整合：将广告与视觉体验融合。

（2）用户主导：不干扰用户对应用的正常使用或在网站中的正常活动。

（3）内容吻合：广告内容要有实际价值，要与平台内容相符。

在这三大核心特征中，前两大特征是当前各类原生广告的卖点，第三个特征却总是被广告人忽视，这是原生广告现存的一大缺陷。

很多广告仅在设计形态上与原有平台相近，广告内容与直接反映广告别无二致，只不过形式上有所伪装而已，这种广告不是真正的原生广告，而是"诱导性广告"或"伪原生广告"。

4.1.2　原生广告模式的本质与属性

近几年，社会化营销领域出现了一个热门词汇——原生广告。从本质上看，原生广告就是内容营销，隶属于内容驱动型社会化营销研究范畴。另外，原生广告具有数据化基因，是广告营销领域的一大发展趋势，是社交媒体领域最有商业价值的一个方向。

2012 年，原生广告一词开始出现，在国外的研讨会上有人以"原生广告"为主题进行演讲，甚至出现了一个专门的职业——原生广告媒体创意代理商。之后，在 BuzzFeed 等网站的助力下，原生广告迅速火爆起来。既然原生广告没有权威的、确切的定义，那么我们就从原生广告的本质、属性出发对其进行了解。具体来看，原生广告有以下几大属性，如图 4-1 所示。

图 4-1　原生广告的属性

◆ **平台属性**

原生广告的英文是 Native Advertising，其中 Native 的意思是本地的、与生俱来的。例如，Native Speaker 指的是讲本民族语言的人，同理，Native Advertising 就是本地的、本平台的广告。也就是说，原生广告与其诞生的平台有高度契合性，每个平台都可以制作自己的"原生广告"。

BuzzFeed 总裁对原生广告的理解：当内容被赋予某平台的特点及属性，以该平台的版本呈现出来时就是一种原生广告。例如，同一内容，在 Twitter 平台，它是一条推文；在 facebook，它是一条信息；在 BuzzFeed，它就是一则报道。

由于原生广告与平台的关系非常紧密，其中涉及数据挖掘与分析技术的使用。原生广告最理想的状态就是以社交平台沉淀的用户数据为依据，绘制用户画像，精准地推送广告。因此，不同的用户看到的原生广告是不同的，这就是原生广告难以实现批量生产的主要原因。

◆ **内容属性**

从本质上看，原生广告就是内容营销，为平台受众量身定制内容是原生广告面临的最大难点。原生广告要通过内容将品牌信息、情感与诉求呈现出来，引发用户共鸣。原生广告要在不打扰用户的基础上推送内容，为用户带来一种价值体验。

◆ **社交属性**

由于原生广告具有内容属性与平台属性，所以其自然而然地就具备了社交属性。基于原生广告的社交属性，用户可以与原生广告互动，参与其中。以微信朋友圈中的信息流广告为例，很多用户看到信息流广告会进行评论，所以当某一用户在自己的朋友圈看到这则广告时，就能看到五花八门的评论。如果该用户也进行评论，就实现了与原生广告的互动。这种广告会不断地在用户间流转，不会传播到某一用户之后就停止传播。

4.1.3 原生广告模式的核心三要素

原生广告的广告与非广告内容区别不大，用户的阅读效果与交互效果都比较好。所以，原生广告能让品牌悄无声息地渗透到用户中，让用户对品牌与产品进行深入的了解，产生极好的营销效果。在移动互联网迅猛发展、信息碎片化趋势更加明显的当下，具有鲜明移动互联网属性的原生广告为移动互联网营销带来了一条新路径。原生广告的核心三要素，如图4-2所示。

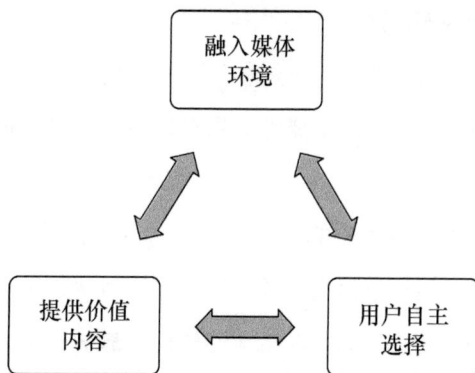

图4-2　原生广告的核心三要素

◆ 融入媒体环境

融入媒体环境指的是要摒弃传统的以广告主的身份出现在受众面前的广告思路，用媒体与受众沟通的方式与消费者沟通，如视觉感受、沟通语境等。简单来说，**广告主要转换身份与角色，用媒体的方式、态度和消费者互动、交流**。在人人都是自媒体、都有传播功能的移动互联网时代，广告主的角色转变是必然的。

微博平台上的原生广告就是一条微博，与媒体环境相融合转变为媒介内容，用户以接触媒介内容的方式就能接触广告。实践证明，这种信息植入方式（将信息植入用户感兴趣或正在进行的事情中）能减少对用户的干扰，提升信息的转化率，降低用户的跳出率，在最大限度上被用户接受。

◆ 用户自主选择

简单来讲，传播主要有两种类型：一种是主动传播，另一种是被动传播。**主动传播要考虑用户的资讯模式，被动传播要考虑用户的生活空间。**其中，主动的资讯传播就是原生广告。

原生广告强调用户的自主选择，尊重用户的主观能动性，认同用户的兴趣与价值观并为其服务，反对将某种价值观或商业意图强加给用户。原生广告无论借何种载体传播，都不能干扰用户，影响用户体验。为了做到这个点，原生广告就必须迎合当下的场景，扎根于生活，做到"应景""接地气"。

以楼宇媒体广告为例，这类广告在用户的生活圈中传播，最好的传播方式就是结合当下的生活热点以通俗易懂的语言传播给用户知晓。对广告营销来说，如果相关人员能将原生广告的内容与形式、线上与线下结合在一起，广告营销就能取得极好的效果。

◆ 提供价值内容

原生广告传播的内容往往是对用户有价值的内容，并非简单的广告信息。在移动互联网时代，原生广告的这个特征更加明显。原生广告与移动社交媒体相结合，移动社交媒体用信息流呈现内容，因此，为了能最大限度地吸引用户，最好将广告放在信息流前端或中间。这类广告前后连接，与兴趣密切相关。

在新媒体时代，新技术、新终端不断涌现，移动互联网技术不断发展，媒体不断分散化，信息日趋碎片化，用户日益自主化，大数据、云计算在各行各业逐渐渗透……在这种形势下，营销环境的变化越来越快，为了紧跟时代发展步伐，更好地引入互联网思维，企业必须提高对原生广告的重视，更好地利用原生广告。

4.1.4　原生广告与传统广告的比较

原生广告这个话题极有可能掀起一场营销革命。

◆ 传统互联网广告的劣势

随着覆盖范围越来越广，普及度越来越高，互联网吸引了大多数消费者的注意力，随后，广告主也投身互联网领域。基于互联网的种种特性，与传统的媒体广告相比，搜索关键词、banner 等广告的覆盖范围更广、定位更精准、互动性更强、数据监测更可靠、灵活度更高，进入门槛也更低。在这种优势的推动下，互联网迅速崛起，超越报纸与电视成了一个非常重要的广告媒体。

与此同时，互联网广告也面临着各种危机——虽然广告利用效率有所提升，但广告形式与理念创新没有获得较大的突破，互联网广告在精准性与互动性方面遇到了一些问题：首先，媒体营销理念不健全，变现能力不足；其次，对于互联网硬广告，用户存在一定的抵触情绪，广告位不断增加，使用户体验深受影响；再次，用户忽略现存的互联网硬广告，使广告营销效果下降；最后，在现有营销框架下，广告公司的施力空间越来越小，其价值无法实现最大化。在这种情况下，整个营销生态链都亟须寻找突破点。

（1）移动互联网广告变现模式亟待探索

近年来，移动互联网产业实现了爆发式增长，手机因为屏幕小、展示空间不足、广告容易被忽略、被误点等原因备受争议，广告价值饱受质疑，即便手机端移动互联网广告的价格非常便宜，但大部分广告主还是选择了观望。

同时，移动互联网还抢占了一部分 PC 互联网的流量，却没有将其变现，这导致移动互联网的流量与移动互联网广告的变现能力不符。如果手机端移动互联网广告仍想通过出售 banner 广告赚钱，其发展前景不会太好，甚至还会使 PC 互联网广告的变现能力受到不良影响。对整个行业来说，如何将移动互联网的流量变现，将其营销价值充分发挥出来，是亟待思考与解决的一件大事。

（2）跨终端、多系统、碎片化问题严重

在硬件方面，电脑、智能手机、平板电脑各自占据着非常重要的位置，未来接入互联网的设备将越来越多；在软件方面，手机操作系统非常多，有 Android 系统、iOS 系统、Windows 系统等。对互联网广告来说，如何将这些设备与系统承载的媒体资源进行整合是一大挑战。

◆ **原生广告的优势**

原生广告的优势，如图 4-3 所示。

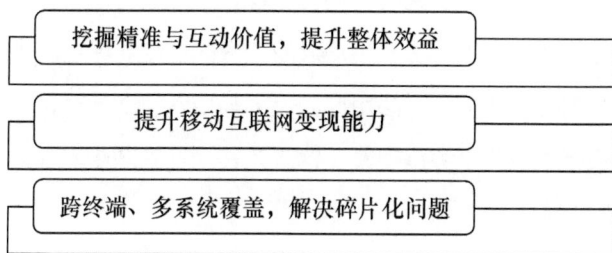

图 4-3　原生广告的优势

（1）挖掘精准与互动价值，提升整体效益

原生广告将使精准与互动价值得以进一步挖掘，使营销体系的整体效益得以大幅提升，社交网络或社交媒体的价值挖掘正处于起步阶段，大数据有了较大的发挥空间，媒体流量变现正在朝内容变现转变。

经过多年运营，媒体掌握了丰富的数据与用户关系，其营销价值尚未得以充分挖掘，凭借后台数据挖掘与前台展现的创意和内容的相关性，原生广告可为用户提供大量价值，刺激用户积极参与，提升营销效果，推动媒体营销价值逐渐升级，使媒体变现能力有效增强。在这个过程中，广告服务公司可将其创造性作用充分发挥出来。

（2）提升移动互联网变现能力

对传统的互联网 banner 广告来说，尺寸与空间是关键要素，PC 互联网与传统媒体相比，手机端在这方面毫无优势可言。再加上，用户对手机掌握绝对的控制权，非常容易忽略广告，传统的互联网硬广告无法与用户形成良好的互动。原生广告与媒体内容相融，其价值无法用广告尺寸与展示空间计算，创意与内容的相关性成了关键要素，这就为移动互联网变现提供了一条新的出路。

（3）跨终端、多系统覆盖，解决碎片化问题

很多媒体同时覆盖了多个终端，如 PC 端、智能手机端与平板电脑等，又同时覆盖了多个操作系统，如 Android 系统、iOS 系统等。这些终端与系统各有特点，尺寸、布局、空间各有不同。如果采用传统的 banner 广告形式，媒体必须根据各终端与系统对广告资源进行规划，这就使广告成本大幅增加，使广告盈利效率大幅下降。

站在广告主的立场上，碎片化的媒介环境会使营销效率大幅下降，使广告成本显著增加，使广告营销效果深受影响；站在用户的立场上，即便在同一个媒体上，不同的平台也会产生不同的广告体验。总而言之，原生广告将跨终端实现多系统覆盖，媒体的盈利能力、用户的使用体验、广告主的营销效率都将大幅提升，实现共赢。

4.1.5　基于用户自生成的原生广告

用户自生成的原生广告——User Generated Advertising，简称 UGA。

UGA 的典型代表当属 facebook 的"Sponsored Stories"，使用这类广告，广告主可以将广告投放到用户的信息流中，向用户传播广告信息。但因为这类广告涉及用户隐私，所以 facebook 取消了这种类型的广告。facebook 宣称用户的社交内容不只会出现在"Sponsored Stories"中，还会出现在向用户好友显示的广告旁边。

由"Sponsored Stories"可知，UGA 广告拥有强大的社交性及良好的发展前景。

在这里介绍一个有趣的平台——Tomoson。

Tomoson 平台连接了"Influencer"（影响者）与"Business"（商家）。在这个平台上，商家可以发布自己的产品，邀请影响者免费或支付很少的费用试吃、试用。影响者要将自己试吃、试用之后的感受，对产品的客观评价尽可能详尽地发布在自己常用的社交媒体上。

目前，Tomoson 平台上的影响者有 20000 多个，为了帮助商家找到最符合自己需求的影响者，Tomoson 为其提供数据挖掘与分析技术。在 Tomoson 平台上，每个影响者都有自己的"社交魅力指数"，这个指数是对其在社交媒体上的粉丝数、活跃度及其在社交媒体公布的人口学信息进行综合计算的结果。

另外，为了获取符合自己需求的影响者，商家在 Tomoson 平台发布产品使用信息时，可以备注一些条件，例如，希望影响者是一名男性，从事食品研究工作，住在纽约，在 facebook 中拥有 100 万＋的粉丝，等等。影响者在发送申请之前会根据这些条件对自己进行初审，判断自己是否符合要求。之后，商家再借助"过滤器"对提交申请的影响者进行筛选，最终找到理想的影响者。

影响者一旦开始申请试吃或试用产品，接下来的一系列事情商家就都能清晰地看到。例如，商家可以利用特定的技术对影响者发布评论的情况进行追踪。如果商家对某个影响者非常满意，就可以将其添加到"联系夹"里，继续与其合作。

对影响者来说，Tomoson 平台是免费开放的；对新注册的商家来说，Tomoson 平台为其提供 30 天的免费试用期。试用期结束之后，Tomoson 平台就要根据商家使用软件的情况收取一定的费用。

Tomoson 平台的终极目标：通过试吃或试用给产品提供一些真实、客观的评价。如果商家通过 Tomoson 平台销售产品、获取利润，或开展一些其他违背平台原则的活动，其账号就会被冻结。

从目前的形势来看，Tomoson 这类平台应该有较好的发展前景。其原因在于：一方面，这种分享经济使很多人的剩余智慧得以充分释放和利用；另一方面，该平台实现了广告形式的创新。

相关研究显示，对影响者发布的文章与内容，用户往往会抱有较强的信任感。所以，商家在 Tomoson 平台发起的免费试吃与试用活动，能以极小的代价实现口碑传播。一般来说，一个影响者能影响 1000 人，以此类推，这 1000 人就会对上百万人产生影响。用户看到影响者的评价很有可能就会做出购买决定。

首先，在内容营销方面，与其费尽心思地写文案，不如在产品质量方面下足功夫。当然，世界上没有完美的产品，产品存在一些无伤大雅的瑕疵反而更加真实、可信。

其次，如果营销人员想获得一份"好看的"流量获得报告，可以与代理公司或微博大号合作，让他们帮忙转发内容，或者让明星代言。但是，采取明星代言的方式所吸引的粉丝都是明星的粉丝，不是产品粉丝。如果营销人员想开展高质量、高精准度的内容营销，就要与这些"利基达人""小众达人"建立良好的关系。

最后，营销人员需要牢记一点，原生广告的本质就是内容营销，原生广告是广告营销的发展趋势，其形式必将越来越多，其内容必将越来越丰富。

4.2 原生广告模式的类型、布局与实战

4.2.1 原生广告模式的四大流派

现如今，原生广告已成为各大营销论坛与会议的热议话题，业内人士对原生广告的价值已经有了较为深入的认识，或者说已对当前的营销困局有了深入认识，在这种情况下，原生广告就成了营销向前发展的基石。经过几年的发展，原生广告已脱离概念层面向实践层面发展。现阶段，原生广告大致可分为四大流派，媒体派、社交派、应用派和平台派，如图4-4所示。

◆ **媒体派**

媒体是内容承载者，有较强的内容生产能力与传播造势能力，所以媒体派原生广告的运用就是以内容为导向，与媒体属性结合，其典型代表就是凤凰网。凤凰网将原生广告的理念泛化，并提出了原生广告发展的五大方向，分别是娱乐化、新闻化、事件化、全媒体化与人文化。

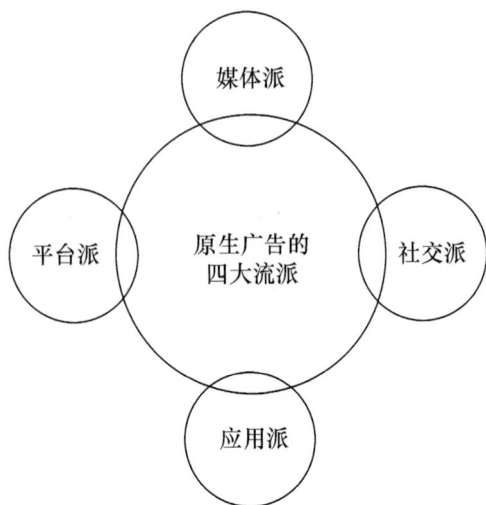

图 4-4　原生广告的四大流派

将营销与当下的热点话题和新闻相结合，为其附加娱乐色彩与人文色彩进行传播，是一种非常具有代表性的媒体手法。从实践方面来看，这种媒体手法可归纳为四点——**找概念、请名人、讲故事和做传播**。例如，2014 年凤凰网与尼雅红酒合作开展的"不做赶路人"活动。首先，凤凰网将尼雅红酒的品牌定位——慢生活与当下的快生活结合在一起，明确"不做赶路人"这个主题的概念；其次，邀请吴秀波等名人讲述与"不做赶路人"这个主题有关的故事；最后，以此为基础进行广泛传播。

由此可见，这类原生广告对媒体的借势能力和造势能力有很高的要求，最理想的状态就是可以借媒体优势获得最好的传播效果。在整个过程中，"找概念"这个环节非常重要，明确了概念之后才能满足广告主的传播诉求，并与用户产生共鸣。在明确概念之后，后续环节也能有序落地，否则整个营销方案就会失败，难以让"让原生营销走进生活"这个理念落地。

◆ 社交派

有人认为，近两年，随着微信及微信朋友圈的出现及发展，用户纷纷从微博流向了微信，微博表现出衰颓之势。事实上，微博所面临的市场环境确实如此，但微博并没有衰颓，而是保持了稳定的发展。

自诞生以来，微博积累了大量信息，这些信息涵盖了用户基本属性、用户关系、用户兴趣、用户的地理位置等多个方面，为信息流原生广告的制作奠定了坚实的基础。微博的信息流广告从刚推出时受到质疑到如今渐渐被认可的原因有二：第一，用户习惯了信息流广告；第二，凭借数据挖掘与广告产品改进，微博增进了广告信息与用户兴趣之间的联系，使用户体验有效改善。如果微博能留住用户，并且让用户规模保持稳定增长，其社交原生信息流广告就能获得广阔的发展空间。对用户来说，广告的原生属性越来越明显。

除微博以外，微信朋友圈也在 2015 年开放了广告，与微博不同的是，微信朋友圈广告几乎备受欢迎，用户将广告当作"好友论坛帖"，将"点赞"与"评论"视为一种乐趣。出现这种现象的原因有两点：第一，对于用户来说，这种广告形式比较新鲜；第二，微信严格把控广告质量，广告内容的原生属性比较明显，能带给用户较好的体验。未来，原生广告实现规模化生产之后还能否做到这两点有待观察。另外，现阶段，微信朋友圈尚未对数据进行深度挖掘，值得期待。

◆ **应用派**

在移动互联网迅猛发展的背景下，产品开始朝着细分、垂直、融入用户生活的方向不断发展。正因如此，近年来，用户手机中出现了各种垂直领域的应用，有的是移动端新品，有的是从PC端转移到移动端之后的产物。与综合门户、社交平台等产品相比，垂直领域的应用更能满足用户在某个领域的需求，让用户逐渐认识到产品的独特价值，正是在这种产品特性的驱动下，原生广告才得以发展。

垂直应用的原生广告与媒体内容化不同，产品化特征更加明显。例如，有道词典的产品特性是满足用户学习外语的需求，其原生广告就与这种产品特性相结合，以"每日一句""双语例句"等产品为基础落地，形成集词、句、图、文等内容于一体的原生广告结构，明确广告主传播信息与用户接收信息的结合点。

以"双语例句"为例，广告主希望借该产品传播品牌理念与产品特性，用户希望能通过该产品学习单词的使用方法，"双语例句"结合二者的需求将广告主的产品信息与品牌信息融入例句中,用户通过查询、学习这类例句就能实现原生广告的传播。这类原生广告的关键在于把握产品特性,依照"产品驱动原生广告"的思维量身定制原生广告产品,将广告主传播与用户需求衔接起来。

◆ 平台派

由于原生广告有强烈的与用户需求结合的需求,需要和用户紧密联系在一起,需要定制化生产,再加上广告格式多种多样,标准难以统一,所以很多人认为原生广告很难做到平台化、规模化,这是广告平台推广原生广告面临的最大问题。

原生广告的平台化产生了规模效应,与单一的用户产品相比,综合广告平台落地到各个用户产品中很难做到真正意义上的"原生",但通过环境融合、数据挖掘、精准投放,在一定程度上做到原生有一定的可能性。

InMobi 早在 2014 年就在中国推广其原生广告平台,并为此投入了大量的人力、物力,但结果并不理想。除外来平台InMobi 外,国内的 Avazu、Yeahmobi 也在大力推广原生广告平台,但这两大平台将主要精力放在了海外市场,国内的原生广告平台尚未引起开发者与广告主的兴趣。

正因如此,某平台利用有道词典多年来探索原生广告积累的经验,将其与有道智选 DSP 广告平台积累的技术相结合,推出了国内第一个真正意义上的原生广告平台，以期推动原生广告在更多垂直领域的应用中得以有效应用，借此对原生广告进行深入探索，拓宽原生广告的发展空间。总而言之，原生广告的平台化正处在起步阶段，还需要很长一段时间发展，有非常广阔的发展空间。

现阶段，市场上原生广告的呼声非常高，但真正落地并被用户接受、被广告主认可的原生广告非常少，原生广告要想实现广告主、用户、产品多方共赢还需要很长一段时间，还需要解决很多问题，其中最关键的问题就是如何让广告主与广告公司认可原生广告。

在实践过程中不乏对原生广告不理解、坚持使用传统硬广告的广告主，但也有很多广告主愿意了解、认识原生广告，在对原生广告的价值有了较全面、深入的认识之后，会积极配合。甚至还有广告主对原生广告表现出了超高的接受度，主动改革banner 等硬广告，将其创造成原生广告，与产品及平台特性结合制作富有创意的广告，这种整合营销与过去那种"一个声音""统一一版创意"的整合营销完全不同。

在移动互联网碎片时代，在原生广告的驱动下，"差异化整合营销"时代即将开启，以传播大框架的统一为前提，根据媒体及产品平台的特性制定与其特性相符的广告创意，将成为未来营销的一大发展趋势，值得期待。

4.2.2　国外巨头的原生广告布局

在广告形式与理念创新方面，banner、搜索关键词、视频等传统数字广告没有取得很大的突破，使互联网广告的精准性与互动性受到了极大的制约。另外，对多样化的硬件与操作系统来说，碎片化媒体资源的整合也是一大挑战。

原生广告的用户群体规模非常庞大，用户的忠诚度也比较高，在用户体验方面取得了重大突破。《广告杂志》广告专家奖得主丹·格林伯格曾表示：原生广告的市场潜力至少为100亿美元。在规模如此庞大的市场上，任何一方都想占据一定的市场份额，获得一定的广告营销，各大巨头更是加快了布局步伐。

◆ facebook

在互联网广告尚未兴盛的 2011 年，facebook 就推出了一种广告模式——Sponsored Stories，借助这种广告形式，广告主可将特定的活动内容经用户"点赞""签到"变成一条展示给用户好友观看的广告。该广告能将分享者、点赞者的姓名、照片、点赞内容、评论展示出来，除此之外，还会将相关的图片及链接展示出来。微信在 2015 年开启的朋友圈广告与这种广告模式类似。

与 facebook 传统的右侧公告栏广告相比，这种广告模式产生的营销效果更好，不仅给广告主带来了丰厚的投资回报，还给 facebook 带来了不菲的收益。但是，2014 年年初，facebook 就关闭了 Sponsored Stories。

虽然 Sponsored Stories 被关闭，但 facebook 依然能利用用户数据为广告主服务。2013 年下半年 FBX 面市，标志着原生广告开始与实时竞价模式融合。为了适应 facebook 的这个调整，各需求方平台都添加了标题、缩略图等原生内容，对创意元数据给予支持。

◆ 谷歌

谷歌的搜索推荐就是一种原生广告。除此之外，谷歌收购的手机广告平台 AdMob 曾对其原生广告进行小范围测试，AdMob 原生广告的视觉效果能与应用的视觉效果保持一致。借助原生广告，AdMob 不仅能将谷歌广告客户的广告通过自己的应用展示出来，还能对广告进行自定义，使其外观、功能和应用的外观、功能保持一致。

◆ Twitter

Twitter 的原生广告在其收购了移动广告公司 MoPub 之后实现了落地、发展。无论是移动应用的开发者还是广告主，都能通过 MoPub 获取原生广告解决方案，在 MoPub Marketplace 开展原生营销。

在广告主资源引入方面，通过这种一站式的解决方案，开发者有 3 种选择：第一，引入现有的广告主客户；第二，为开发者旗下的其他 App 制作营销广告；第三，引入 MoPub Marketplace 平台上的第三方广告主。除此之外，开发者还能以自身需求为依据自由地选择原生广告形式。

◆ 雅虎

雅虎的原生广告与移动搜索服务实现了深度融合。与传统的 PC 广告相比，原生广告对品牌的认知度提升了 279%，品牌相关搜索量提升了 3.6 倍，品牌访问率提升了 3.9 倍。

广告主只要将广告创意内容交给雅虎，就能利用雅虎的原生广告多媒体组装套件实现原生广告的创作，同时这则原生广告还能在 PC、手机、平板电脑等多个终端设备上投放。除此之外，原生内容还能在雅虎的内容信息流中出现，如雅虎电子杂志、雅虎体育、雅虎金融及与雅虎合作的各个网站中。

4.2.3　国内巨头的原生广告布局

◆ 腾讯

在国内的原生广告市场上，微信朋友圈的原生广告可以说是一个经典案例。自 2015 年 1 月 25 日微信朋友圈原生广告出现以来，关于"微信朋友圈信息流广告触发百亿原生广告市场"的讨论就不绝于耳，投放的广告不仅深受广告主青睐，还受到了用户的热烈追捧。

在广告投放期间，微信朋友圈中关于"宝马、vivo、可乐"的讨论异常热烈，这虽然离不开微信之前的预热，但也与微信广告内容具备了原生广告的所有要素，为用户提供了良好的体验有关。据了解，微信对合作品牌做了严格筛选，设置了一个比较高的广告投放门槛，并且只为品牌广告主服务。在如此高条件的要求下，腾讯就能生产出高品质的原生广告。

即便如此，微信原生广告依然面临一大难题，就是如何应对规模化之后产生的信任危机。如果这个问题得不到有效解决，微信的原生广告就很难实现规模化生产，对未来的发展无益。

另外，2014 年 12 月，广点通移动联盟上线了原生广告，目前与其达成深度合作的 App 已有十几家，广告曝光量已达到了千万。利用腾讯海量的用户数据，广点通能对数据进行深入挖掘，从而实现广告的精准投放。

2014 年年初，广点通首次上线原生广告，位置在手机的 QQ 空间，形式为信息流。2014 年年底，广点通重新定义信息流广告，将其定义为联盟生态中的一种原生广告样式。广点通移动联盟借手机 QQ 空间信息流广告的运营经验，以 SDK 的方式为广告主提供标准统一的原生广告，同时也给开发者提供了充分的发挥空间，渲染广告样式，使其与广告播放环境实现高度融合。

◆ 百度

百度于 2015 年 4 月 5 日推出了原生广告，宣称站长只需选择符合网站内容的文本与图片样式，稍微对其进行润色，就能让广告与网站内容融为一体，从而获取丰厚的收益。

5 月 20 日，百度对内容推荐平台 Taboola 进行战略投资，这个平台拥有 5.5 亿名用户，月推送信息多达 2000 亿条。Taboola 能利用预测技术对地理位置信息、社交媒体趋势等数百条实时信息进行分析，从而有针对性地向用户推荐符合其需求的内容。

6 月 8 日，百度收购日本原生广告公司 popIn，获得控股权。利用 READ 技术，popIn 能针对用户对某一内容的接受程度进行科学衡量，得出比较准确的结果，以提升内容推荐的有效性。在完成收购之后，借助 READ 技术与内容推荐技术，百度大数据将得以进一步完善，广告投放精度将得以进一步提升。

◆ 凤凰网

凤凰网在 2013 年的中国国际广告节上提出原生广告，并为此构建了一个以"人"为中心，以媒体形态为基础构建品牌内容的营销体系。针对原生广告，凤凰网高层曾提出五大发展方向，分别是新闻化、人文化、事件化、娱乐化与全媒体化。

凤凰网的原生广告营销要经过"找概念—请名人—讲故事—做传播"这个过程，这类原生广告对媒体借势与造势能力有很强的依赖，无法实现规模化生产，并且任何一个环节没有做好都有可能导致整个方案无法实现。

◆ 新浪微博

早在 2013 年，新浪微博就开通了原生自助广告系统，这是一套精准的广告系统，主要为中小企业提供服务，不仅能在微博广告系统中开展广告技术管理与微博创意管理，还能对投放的广告进行实时监控，开展数据管理。

企业投放传统的品牌广告可能会一次性获取很多用户，一旦广告不再投放，用户数量就会迅速下降。与传统广告相比，原生广告的每次投放都有直接意义，所以原生广告吸引了世界各地的巨头前来布局。

4.2.4 原生广告案例解析与实践

经过几年的发展，原生广告领域出现了一些不错的案例，具体分析如下。

◆ 微博的"达人私信推送"

新浪微博的信息流广告与 Twitter 的 Promoted Tweets 极其相似，能以用户信息及关系图谱为依据实现广告的精准定向投放，为用户提供与其相关的广告内容。但事实上，新浪微博的信息流广告存在很多问题，有些广告纯属垃圾广告，令人反感。不过不可否认的是，信息流广告是微博实现商业价值的一条有效路径。

与微博的信息流广告相比，微博的"达人私信推送"更受用户欢迎。例如，微博认证的护肤专家冰寒会定期以私信的方式，向其粉丝推送一些护肤类文章。文章内容非常专业，对各类护肤品的评价非常客观，能帮粉丝增长很多护肤类知识，价值极高，所以备受用户欢迎。

◆ 微信的"所读即所买"文章

对微信朋友圈的信息流广告，很多人非常熟悉。除这类广告之外，微信公众号的"所读即所买"文章也是原生广告。

例如，微信公众号的"清单"，它的定位是理想生活用品指南——人的满足感不取决于家中堆放物品的多少，人们追求的是以合理的预算打造一种极致、完美的理想生活，清单就是实现这种理想生活的指南。基于这个定位与核心理念，清单以优质的内容将产品与用户连接在了一起，帮产品找到它的主人，或帮用户找到适合自己的产品。

从这个方面来看，清单就像一个网上杂货铺，用艺术的方式对日常生活用品进行诠释，为高品质生活、理想生活的实现提供方案。

近年来，这种类型的微信公众号越来越多，聚焦某个利基领域，拥有高忠诚度的、高质量的粉丝群体。现如今，与这类微信公众号合作的用户越来越多，以借此生产符合目标用户需求、能被目标用户接受的原生广告。

4.3　原生广告是否有效的 5 个关键指标

4.3.1　考核指标 1：网站流量数据

近几年，原生广告受到了企业界的广泛认可，企业纷纷将其应用到产品及品牌的营销推广中。而投放原生广告后，需要对其效果实施监测，从而帮助营销人员不断优化调整营销方案，确保最终能够取得预期效果。具体来看，对原生广告进行考核的指标，主要包括以下几种。

事实上，开展原生广告活动和销售漏斗模型的逻辑具有较高的相似度，争取通过广告内容网罗更多的目标群体，确保最终能够获得足够的转化量。所以，网站流量就成为原生广告的一大重要考核指标。从实践来看，影响原生广告流量的因素主要包括以下几种：

（1）搜索引擎的关键词优化；

（2）内容本身的质量；

（3）企业公众号的关注人数；

（4）发布原生广告的渠道或平台的流量等。

那么，企业如何对原生广告发布页面访问量进行有效统计呢？从技术角度看，在互联网领域，对页面访问量进行统计并非难题。对企业而言，最为关键的是了解监测页面访问量背后的逻辑。

如果在企业官网、自开发的 App 应用中发布原生广告，很容易通过后台系统或者专业分析工具掌握流量数据。而选择在其他渠道，如微信、微博、网络社区等渠道发布原生广告时，作为企业级用户，平台本身会为客户提供流量统计数据。当平台不提供这类数据时，企业也可以监测推荐流量数据。推荐流量数据指的是原生广告页面中的网页链接为企业官网、网店等页面带来的流量。

目前，营销从业者广泛使用的第三方流量统计工具，主要包括 51.la、CNZZ、Google Analytics 等。App 应用 Analytiks 是一种适用于手机终端的页面流量统计工具。

当发现页面访问流量处于较低的水平时，就需要营销人员对营销方案进行优化调整，如调整营销内容、选择更多的投放渠道、举办点击参与抽奖活动等。

4.3.2　考核指标 2：用户参与数据

用户参与也是考核原生广告营销效果的一个重要指标，通常会细化为用户停留时长、评论数、分享数、反弹率、放弃率等具体指标。如何提高用户参与积极性呢？很多营销从业者会感到很困惑：为何有的原生广告内容会被用户细细品味并主动分享，而有的原生广告被用户一目十行甚至直接略过呢？之所以会出现这种情况，用户参与积极性无疑是其原因。影响用户参与积极性的因素，主要包括以下几点：

（1）广告内容富有趣味，吸引用户沉浸其中；

（2）广告内容有较高的价值，能够降低用户的购物时间成本、提供用户感兴趣的信息等；

（3）广告页面布局合理，能给用户带来良好的阅读体验。

在考核用户参与指标时，可以利用 Google Analytics 统计工具对以下几个指标进行统计：

（1）平均浏览时间；

（2）页面放弃率；

（3）用户评论数等。

有时原生广告会出现空有点击量却鲜有用户参与互动的现象，出现这种情况时，营销人员应该反思是不是出现了以下几个方面的问题：

（1）未进行用户界面优化，如图片模糊、背景色刺眼等；

（2）内容不符合目标群体的个性化需求；

（3）内容篇幅过长，容易让人失去耐心；

（4）内容结构安排不合理，用户找不到主要论点；

（5）内容缺乏可读性，不能为用户创造价值。

以 Crazy Egg、Mouseflow 为代表的点击追踪工具，为企业提供了一种对用户在网页中的行为实时监测的有效途径。在考核原生广告用户参与指标的过程中，营销人员可以使用这种工具分析用户行为，找到用户没有参与互动的原因，从而对营销方案进行完善。

4.3.3　考核指标 3：用户分享数据

用户分享也是衡量原生广告营销效果的一大重要考核指标。营销人员需要统计用户将内容或链接分享到微信、微博、贴吧、网络社区、视频网站、门户网站等社会化媒体中的数量。

不过部分用户可能仅是将内容收藏或者进行转发，而没有真正阅读或者希望自己以后阅读，这样会统计到较高的用户分享数据，但营销效果可能达不到预期目标，所以营销人员需要将其他考核指标和用户分享指标搭配使用。

一般来说，**用户分享数据越高意味着营销内容的社会影响力越大，转发、分享、评论等数据在一定程度上反映了原生广告的社会影响力。**

国内两大现象级社交媒体平台微博和微信都提供数据统计服务，在这两大平台发布原生广告时，可以有效统计相关数据，从而考核原生广告的有效性。微博提供的数据统计服务包括个体账号与企业账号两种，微数据可以让个体账号获取覆盖度、活跃度、传播力及粉丝分析等数据；数据中心、微风云等则是为企业账号提供数据统计服务的有效工具。微信为了满足用户的数据统计需求，专门开发了微信公众平台数据统计功能，营销人员可以获取的数据包括用户分析、图文分析及消息分析等。

拥有海外业务的企业发布原生广告时，可能会使用 facebook、YouTube、Twitter、Instagram 等平台，此时，对原生广告的用户分享数据进行统计，就可以使用第三方统计工具 Sysomos、Simply Measured 等。

4.3.4 考核指标 4：反向链接数据

一般来说，人们之所以选择引用、链接网页内容，是因为它有一定的价值，能够提升自身的说服力，能给人带来一定的乐趣等，因此反向链接（从其他网站链接原生广告）数据，对原生广告营销效果考核也非常关键。毋庸置疑，反向链接能够给原生广告带来更高的访问量，提高内容的专业性与权威性。

那么，怎样才能吸引用户链接原生广告呢？这需要营销人员在设计原生广告时注重以下几点。

（1）**实用性。互联网用户在链接内容时，总是倾向于链接**

那些对自己有用的内容，这些内容能够帮助自己解决在生活或工作中遇到的问题。

（2）权威性。专家学者、知名教授、各行业领袖、权威机构发布的内容向来容易被人们引用。

（3）鼓舞人心、富有正能量。积极向上、提升人们动力的内容也容易被引用或链接。

（4）有趣味性。在统计数据中，娱乐性较强的内容在被链接排行榜中高居榜首。

（5）有话题性。视角独特、观点新颖的文案，很容易引发人们在社交媒体上的讨论，从而提高原生广告被链接的概率。

当然，营销人员需要管理网民的反向链接，这样才能确保原生广告链接发挥积极影响。管理反向链接最关键的一点就是确保原生广告在权威及合法的网站被链接。非法网站会威胁网民的财产安全，当原生广告被链接到这类网站后，不但不会提高营销效果，反而会给企业形象带来负面影响。而缺乏权威性的杂牌网站容易被搜索引擎过滤，很难产生提升原生广告点击量的效果。

Google Webmaster Tools、Google Analytics 等第三方统计工具，可以让营销人员了解哪些用户、网页等引用了原生广告的内容。而想要了解反向链接是否创造商业价值时，则需要用到 SEO SpyGlass 这种专业的反向链接流量监测工具。

4.3.5　考核指标 5：用户转化数据

顾客转化率是原生广告营销效果的直接体现，被成功转化的流量成了企业的注册用户甚至是付费用户、产品购买者等。顾客转化率主要取决于企业能否让用户清晰地感受到原生广告想要激发的用户行为，如使用更加醒目的设计强调注册或购买链接等。

与此同时，保持内容和营销目标的一致性，对促进顾客转化也有良好的效果。例如，当营销目标是为了提高品牌知名度时，企业应该在内容中加入品牌故事、创始人创业经历等，而不是产品打折促销信息。

那么，营销人员如何对顾客转化率进行管理呢？顾客被成功转化意味着目标用户进行了某种对企业开展业务重要的行为，如关注公众号、收藏店铺、朋友圈转发等。分析顾客转化率数据时，可以通过 Google Analytics 工具获取以下数据：网站流量、注册用户数与购买用户数。

对处于移动互联网时代的企业来说，广泛撒网式的营销推广不但会造成营销成本大幅增加，而且会因为精力及资源的过度分散导致无法达成预期目标。能够对接目标群体开展精准营销尤为关键，而针对目标群体特性定制生产的原生广告无疑为企业提供了一种有效的营销方式。

　　当然，在实施原生广告方案的过程中，还要对其营销效果进行实时监测，以便实时优化营销方案。为了确保原生广告营销效果考核的全面性、真实性，应该结合上述多个考核指标。

　　虽然很多平台或第三方机构开发了数据统计工具，而且能够免费使用，但单一的工具可能无法有效满足企业需求，同时使用多种统计工具后，很容易出现数据混乱、统计结果出现较大偏差等方面的问题。所以，在技术及人才储备方面有一定优势的企业，应该在开发企业官网或者 App 应用时，尝试开发能够对用户数据进行统计的功能模块。

第 **5** 章

程序化购买：
开启数字营销下一个风口

5.1 数字化广告时代的精准营销利器

5.1.1 数字广告时代的程序化购买

近几年，随着新一代信息技术的应用，广告营销变得更加智能化、精准化。当我们使用今日头条等资讯类 App 时，后台系统会针对我们的个性化需求，推荐相应的广告内容；在下载并安装新的 App 应用时，后台系统会让用户选择自己感兴趣的内容，以便为其推荐个性化的定制内容。

企业之所以能够根据我们的个性化需求推送定制广告，关键在于程序化广告技术的应用。这种技术能够根据人们在互联网中的搜索数据、电商数据、社交数据等，分析其个性化需求，然后推送包含满足这种需求的产品及服务的广告信息。程序化广告技术受到了企业的广泛关注，它为企业提供了一种精准营销的有效手段，是大数据诸多应用方向中的一大热门领域。

程序化广告是一种利用自动化、系统化及数字化的方式，对

广告主、广告商及媒体平台进行改造，使其能够进行程序化对接，实现了从目标群体匹配到竞价购买，再到广告投放，最后到投放报表反馈等诸多营销环节的标准化及自动化的新型广告技术。

程序化广告需要利用大数据技术，搜集目标群体数据并进行精准定位，从而实现定制推广，借助基于智能算法打造的后台系统完成广告位匹配、广告投放以及竞价购买。除了营销更为精准外，和传统广告相比，程序化广告由于借助了先进的自动化技术及工具，能够有效降低营销成本。

2014 年，宝洁公司计划将 70% ~ 75% 的预算用于程序化购买，这个消息瞬间引爆了程序化购买市场。除保洁之外，还有很多广告主加大了在程序化购买方面的投入，其中美国运通公司在程序化购买方面投入了全部广告费用。在国内，从 2012 年开始海尔就使用了 DSP 平台，京东在程序化购买方面也投入了 20% ~ 30% 的预算。很明显，程序化购买已突破"效果"这个单一功能，

在 AOL Platforms 的营销总监 Allie Kline 看来，对于程序化购买如此之快的发展速度及数字生态系统强大的变革潜力，发行商与广告商已适应。但是，发行商与广告商要想进入下一个发展阶段，必须增加在程序化购买方面的投入，不能仅用程序化购买来消化库存，也不能仅将程序化购买视为获得最佳报价的工具。

事实上，发行商与广告商眼中的下一个阶段已经来临。

2014 年，IAB（美国互动广告局）从资源售卖角度明确了程序化交易的定义，并对交易方式进行了划分，将其分为了 4 种模式。至此，程序化购买与 RTB（实时竞价）有了明确的区分，提及程序化购买，人们率先想到的不再是"剩余流量"。电通安吉斯集团下属程序化交易平台的负责人表示，在固定广告位的程序化购买的影响下，优质资源得以迅速进入交易平台。

通过程序化购买，广告主可以更好地获取消费者，更灵活地引入技术，以达到削减人工、精准投放广告、控制流程、保证投放效果的目的。程序化购买是一种新出现的营销模式，不应被归属在精准营销的行列。通过程序化购买，广告自动化、数据化、智能化投放都能实现，甚至广告主还能与消费者进行深度交流，使品牌美誉度得以大幅提升。

5.1.2 程序化购买对广告主的优势

现如今，在国内市场中，程序化购买已构建起基本框架，其体系已基本形成，正在朝"装修"阶段迈进。在这个新阶段，对广告主来说，基本框架如何构建才能增强吸引力？添加何种软性优势才能吸引广告主？如何帮广告主深入了解消费者等问题也是其亟须了解的问题。那么，对广告主来说，程序化购买究竟有何意义呢？从品牌广告主的角度进行分析，程序化购买的优势主要体现在以下几个方面，如图 5-1 所示。

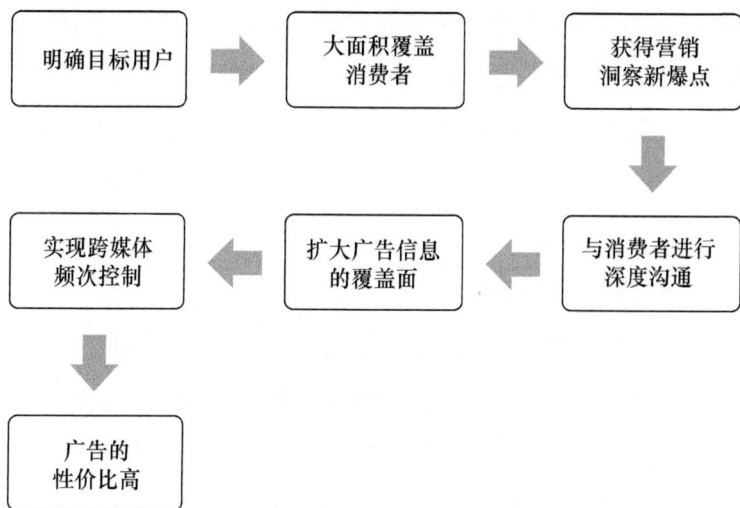

图 5-1　程序化购买对广告主的优势

◆ 明确目标用户

过去，广告主投入巨资购买电视广告，虽然能吸引大量观众观看，但无法判断这些观众是否目标客户群。面对这个问题，程序化购买为其提供了解决方案。程序化购买的对象是人不是媒体，它凭借强大的受众识别与购买能力，经 DMP 数据分析、人群标签化引导受众购买，将广告精准地投放到消费者面前，将广告信息传播给消费者知晓。

◆ 大面积覆盖消费者

程序化购买往往和精准营销联系在一起，但事实上，RTB广告真正的营销优势体现在新用户获取方面。在过去的几年里，程序化购买利用 RTB 广告为品牌获取了很多新用户。而移动程序化购买又表现出不同的情况。移动互联网中有微信、微博等覆盖能力非常强的应用，也要有一些其他类型的应用，如果能优化各类应用的布局，就能在移动端扩大消费者的覆盖范围，实现大范围覆盖。

◆ **获得营销洞察新爆点**

在大数据营销时代，与消费者的物理属性相比，消费者的行为属性更重要。而广告主要想获取消费者的行为属性就必须进行大数据分析，获得通过传统调查无法发现的信息。例如，通过分析某奶粉的客户投放数据，广告主就能发现一个特殊信息：在关注广告的人群中不仅有妈妈（物理属性），还有一些关注运动与军事的奶爸（其他属性）。随着物理属性的营销价值越来越弱，通过大数据对消费者的行为属性进行分析，广告主能获得更多有益信息，推动新营销更好地发展。

◆ **与消费者进行深度沟通**

随着私有化程序化购买与移动程序化购买等形式的出现与发展，广告主与消费者开展深度沟通的机会越来越多。例如，采用私有化程序化购买，广告主不仅能轻松实现跨媒体频控，甚至可以不用提前准备广告创意文件，只需借助私有化程序化购买以动态的方式生成创意，将其放到自己的广告位上即可。采用移动程序化购买形式，广告主能充分利用时间、地点等环境要素加深对消费者的了解，增强广告创意的贴合性。

◆ 扩大广告信息的覆盖面

以视频形式来说，采用程序化方式，能够引入的视频流量不在少数。目前，二三线视频平台为视频流量的主要提供者，因此，这些视频的每千人访问成本（CPM）相对较低。如果广告主的投资预算是固定的，与其将所有资金投资到一线视频平台上，还不如拿出部分资金用于程序化购买。因为营销实践表明，同时采用不同的购买方式，可以有效促进信息的传播。以优酷土豆为代表的一线视频媒体，意识到程序化购买的价值之后，也开始打造广告交易平台，借以增加自身利润所得。

◆ 实现跨媒体频次控制

采用媒体购买方式播出展示广告是一种常见的营销方式，目前国内这种营销方式仅限于实现对特定媒体的频次控制。如今，广告网络能够初步进行跨媒体频次控制，但与广告交易平台能够引入的流量相比，无论广告网络的规模多大，客户能够买到的流量都比较少。因此，无法为广告主提供与其资金预算相匹配的流量服务，是多数广告网络在发展到一定阶段后会面临的问题。现如今，运用程序化购买，可以实现跨媒体频次控制，从而提高资金的利用效率。

◆ 广告的性价比高

目前，包括阿里巴巴、腾讯、百度在内的诸多实力型互联网企业，都加入流量竞争行列，使国内市场中的程序化购买供给明显超过实际需求，广告流量的价格也维持在低水平。较早在该领域展开布局的广告主，可谓抓住了最好的时机。另外，在今后的发展过程中，移动端广告流量及其他形式的流量也将成为程序化购买的对象，不仅如此，在程序化购买方式下，广告主能够按照每千人访问成本或者点击次数进行购买。可以说，以程序化购买方式实现的广告投放在性价比方面占据更多优势。

认识到程序化购买的优势后，在今后的发展过程中，越来越多的品牌广告主将在该领域展开运营。

5.1.3　程序化购买存在的主要问题

程序化购买拥有显著的优势，在具体实施过程中也存在一些不足，主要体现为以下几个方面，如图 5-2 所示。

◆ 流量质量问题

2012 年，在广告交易平台的流量提供者中，一些不知名的小平台占很大比例，给广告主留下这样的印象：广告交易平台的流量质量较低。这种情况现如今已经发生了彻底的转变，根据互联网中心的数据统计，到 2015 年，RTB 广告每天向全国 20 亿名用户进行广告投放。除了实时竞价广告之外，还有新浪、腾讯、网易、搜狐等门户网站，及聚焦于细分领域的知名网站等诸多优质流量，都能够以程序化购买的方式服务于广告主。

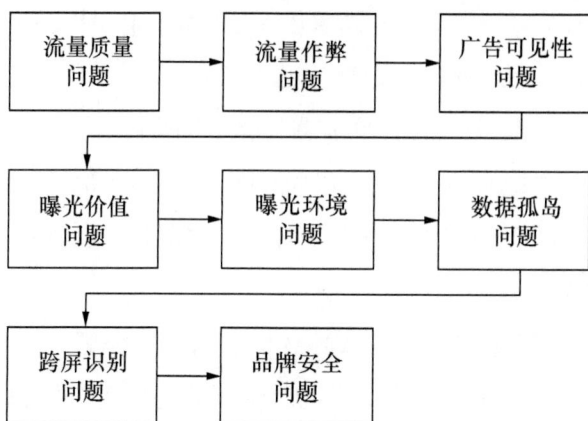

图 5-2　程序化购买存在的主要问题

另外，不少拥有雄厚资本实力且不吝广告投入的品牌广告主，和许多知名网站的运营者表示，通过私人交易，以程序化购买方式获得媒体平台的优质广告位，对他们而言是一种不错的选择。美国更早地实施了这种交易方式，其优势在于，既能为广告主提供更多的选择，允许他们筛选出符合自身需求的流量，又能有效避免网站的利益受损。

◆ **流量作弊问题**

流量作弊问题包括两种情况，即媒体网站的流量作弊行为和程序化购买广告公司的流量作弊行为。

网站的流量作弊：流量是评判网站影响力和商业效益的重要指标，因此一些网站为获得更多收益会采取虚假流量的方式。在这种情况下，如果程序化购买广告公司根据网站数据流量分

析用户，那么刻画的用户画像必然与实际不符，从而难以达到
预期的广告投放效果，损害广告主利益。

程序化购买广告公司的流量作弊：数据流量是 DSP 公司核
心竞争力的重要内容，也是吸引品牌广告主的关键资源，因此
一些程序化购买广告公司为获取广告主的认同，也会采用虚报
流量的做法。

程序化购买广告的投放效果取决于真实的流量，当广告主
不能获得预期的广告效果时，就会对程序化购买广告公司乃至
整个行业产生信任危机，从而不利于程序化购买广告产业的良
性可持续发展。

◆ 广告可见性问题

有时候，就算广告主在网络平台投放广告，也无法保证用户
能够看到他们的广告，因为有的广告会被放置到页面的末端，用
户必须将网页拉到最后才能看到，很多用户在这之前就会转而浏
览其他网页的信息。国内存在这种情况的网络平台有很多，但因
为广告信息出现在了网页中，广告主就要付费。针对此类问题，
谷歌制定了 Active View 解决方案，对广告的可见度进行评估，我
国将通过多屏化购买的先锋代表——悠易互通引进这个方式。除
此之外，定屏购买等方式也能够确保广告信息切实被受众接收。

◆ 曝光价值问题

广告行业普遍存在的问题是，如果某条广告在投放之后曝

光量达到 1000 次，但其点击次数仅为一次，那么广告公司就会将注意力集中到后面这个个人身上，并持续向该用户进行推广，却没有对其他人的行为给予充分的重视。但运营方需要认识到一点，即信息曝光的本身就体现出其营销价值。很多调查结果显示，不少用户在接收广告信息之后，虽然不会点击，但他们可能上网查询，或者进入企业官网浏览信息。除了点击之外，广告公司还可以用其他标准对广告的曝光价值进行评估，如广告的播放时间、平均展示时间等，广告主应该进行综合考量，避免以偏概全。

◆ 曝光环境问题

如果广告主在意曝光环境，在通过媒体方平台进行广告投放的过程中，可根据自身需求，将广告信息呈现在媒体，或者经过认证的网站页面上。对于那些环境较差的页面，广告主可筛选出来，不进行信息展示，这种选择方式能够更好地对接其发展需求。

未来，程序化购买的发展将趋向于多屏化。如今我国的广告交易平台资源，既包括电脑端展示广告流量，如横幅广告，又包括手机应用、平板是脑等移动端展示广告流量，以及视频前贴广告。从广告主的角度分析，多屏广告能够有效增强营销效果，提升资金利用率。

全球知名市场调研公司尼尔森的调研结果表明，如果预算已定,相比于将所有投资用于电视渠道的信息推广,同时通过电视、电脑、移动端进行广告投放的方式,能够使品牌知名度提高 24%,并使品牌参与度提高 17%。

目前在国内,绝大多数广告公司无法进行多屏广告投放,除非与多家广告公司合作。随着该领域的发展,广告公司将拥有多屏资源,并根据客户的需求为其提供个性化服务。届时,广告主就能进行多屏投放,并使用统一的绩效标准对广告效果进行评估。也就是说,未来的数字广告行业将更多地采用多屏程序化购买方式。

◆ 数据孤岛问题

与传统广告交易模式相比,程序化购买的一大优势是能够实现广告精准投放。精准投放的前提是洞察目标受众的行为特质,实现受众精准画像,而这显然需要程序化购买广告公司能够获取大数据资源。

从这个角度来看,当前我国程序化购买广告产业发展的一大痛点就是数据孤岛问题严重,海量的用户大数据资源没能流入程序化广告购买市场,从而导致后续依托大数据分析的广告精准投放成为"无本之源"。

例如,以 BAT 为代表的大型互联网企业也是拥有海量优质大数据资源的媒体平台,如阿里巴巴的电商交易大数据、腾讯的社交大数据、百度的搜索大数据等。然而,这些互联网企业拥有的大数据却处于互不联通的"孤岛"状态，独立的 DSP 公司也难以从这些企业中获取用户大数据资源，从而严重制约了程序化购买广告产业的快速良性发展。

◆ 跨屏识别问题

移动互联网的发展成熟打通了电视屏、户外屏、PC 屏、车载屏、手机屏等不同屏幕间的孤立状态，推动人们进入一个多屏融合交互的数字媒体时代。在这个背景下，跨屏程序化购买广告受到越来越多的关注和青睐，成为数字广告产业发展的新趋势。

跨屏程序化购买广告首先需要解决用户识别问题。在 PC 互联网时代，程序化购买广告公司可以通过采集用户 Cookie 洞察用户行为特质，进行受众精准画像，实现广告精准投放。

不过，在移动互联网时代，程序化购买广告公司无法单纯通过追踪用户的 Cookie 进行用户画像，因为公司难以确定在 PC 端和移动端的是否为同一个用户，即无法进行跨屏识别。因此，跨屏识别技术已成为我国程序化购买广告产业发展亟须突破的技术瓶颈。

◆ 品牌安全问题

品牌安全也是发展程序化购买广告产业需要高度重视的问题。程序化购买广告模式虽然基于大数据技术实现了目标受众精准画像，从而帮助广告主进行广告的精准投放，但对广告展示的媒体环境缺乏足够关注，因此可能造成广告投放的媒体环境与品牌特质、价值等不相符，最终损害品牌形象，甚至带来巨大损失。

5.1.4　程序化购买的主要发展对策

◆ 大数据流动与交易使程序化购买更精准

大数据是 DSP 公司的核心资源，也是吸引广告主的关键要素：**通过大数据分析洞察用户特质，对目标受众精准画像，实现广告的精准投放，从而为广告主创造更大的广告效益。**因此，国内程序化购买广告产业应尽快建立并不断优化大数据流动与交易机制，有效解决"数据孤岛"问题，以为后续各种活动提供坚实的大数据支撑。

当前来看，大型互联网企业虽然拥有众多优质的大数据资源，但很少有愿意将自己的流量数据向外部开放的企业，从而严重制约了以大数据资源为立身之本的 DSP 公司的成长发展。同时，打通不同企业或平台的大数据资源，实现大数据的开放共享与互联互通，并不是一个自发过程，而是需要多维度协同发力促进大数据的流通与交易。

数字广告产业的爆发式成长和巨大的商业价值想象空间，吸引了诸多大型互联网企业投资布局：第一，自建 DSP 公司和广告交易平台，如阿里巴巴集团旗下的阿里妈妈建立了 Tanx 平台、腾讯建立了 Tencent Ad Exchange、百度推出了 DSP 投放服务等；第二，并购或与国内品牌 DSP 进行战略合作，如阿里巴巴集团投资控股易传媒、360 收购 Media V 等。大型互联网企业参与布局程序化购买广告产业，有助于打通互联网企业大数据和 DSP 公司大数据，解决"数据孤岛"问题。

有实力的品牌广告主自建 DMP 数据管理平台对企业内部的大数据进行采集、管理与应用，并积极利用多种方式获取供应商、分销商、DSP 公司、独立 DMP 公司提供的各类用户大数据，进而通过内外部大数据的整合分析精准定位目标受众，实现精准广告营销。

DSP 公司与众多中小型互联网企业建立战略联盟，实现合作共赢：**对前者来说，可以从中小互联网企业那里获取大量优质大数据和流量资源；对中小型互联网企业来说，可以获取更多流量效益。**

加快建立健全规范有序的大数据交易平台，并不断完善个人隐私保护的相关法律法规和行业自律规范。例如，早在 2014 年 12 月，作为我国大数据研究应用中心的贵阳地区就成立首家以大数据命名的交易所——贵阳大数据交易所；2016 年 4 月，上海也建立了大数据交易中心。可以预见，随着大数据产业的深化发展，未来国内将涌现越来越多的大数据交易平台，从而有力推动大数据资源的开放流动与互联共享。

◆ **整合多屏数据与跨屏投放**

对于跨屏身份识别难题，除了需要跨屏识别技术突破，还需要程序化购买广告公司不断创新与互联网企业的合作模式。

互联网电视、智能可穿戴设备、户外 LED 视频、平板电脑、手机等的快速普及，推动数字广告营销形式从单一的 PC 屏变为多屏互动整合。这种情况下，如何进行跨屏 ID 的识别与整合从而实现目标受众精准定位，是程序化购买广告公司面临的一大难题。

大数据流动是跨屏身份识别的关键。当前来看，依托大型互联网企业的 DSP 公司由于分享了大型互联网平台的用户大数据资源，能够有效实现用户跨屏识别，因此在多屏程序化购买方面具有一定优势；而背靠大型营销传播集团的 DSP 公司、独立的 DSP 公司和外资 DSP 公司，主要通过自建 DMP 数据管理平台积累大数据，并结合大型互联网企业开放的部分用户大数据资源进行目标受众的精准画像。

技术方面，Google、BAT 等掌握了海量优质大数据资源的互联网巨头都在大力深耕布局跨屏识别技术，主要是打通底层多屏数据，实现大数据资源在整个产业链中跨媒体、跨屏幕、跨网的交互流通与应用。

以阿里妈妈为例。借助阿里巴巴集团覆盖电商、娱乐、生活、社交、视频、位置等各个方面的统一的强账号体系，阿里妈妈"达摩剑"数字广告营销平台能够对用户进行跨屏幕、跨设备、跨 Cookie 的实时追踪，从而全面、精准洞察用户，有效提高跨屏、跨媒体、跨网广告投放的精准性和效果。

◆ **实现精准同时更确保品牌安全**

在程序化购买广告的两大核心要素数据和技术中，前者的数量与质量影响广告投放的精准性和效果，后者则决定了广告投放的速度与规模。从广告主的角度来看，当前国内众多品牌广告主在借助程序化购买模式实现广告精准投放的同时，也越来越关注广告投放的媒介生态环境，以确保品牌安全。

5.2 程序化购买的生态链与商业模式

5.2.1 程序化购买广告产业生态链

互联网的广泛普及和大数据技术的发展成熟，使数字广告营销成为国内品牌广告主的"新宠"，也推动了程序化购买广告产业的爆发式成长。不过，总体来看，我国广告程序化购买市场仍处于前期起步阶段，需要全面准确把握程序化购买广告产业的发展现状、存在问题与瓶颈等，进而采取有针对性的对策，如此才能不断优化产业整体生态，推动程序化购买广告产业的快速成长、成熟。

◆ 程序化购买广告产业规模迅速扩大

传统的广告购买模式是广告主与广告代理公司对接，后者帮助广告主采购媒介资源，进行广告投放。在这个模式中，媒体处于绝对主导地位，因为媒介资源的影响力越大，广告就越容易接触更多消费者。

在新媒体环境中，数字广告的交易模式从购买媒介资源变为直接购买目标受众，因此更容易实现精准广告投放以及广告效果的可视化与可控化。简单来看，品牌广告主委托 DSP 公司进行广告投放，后者在 ADX（AdExchange，广告交易平台）中，通过 RTB 实时竞价或非 RTB 程序化交易模式，实现广告的精准投放。

凭借广告投放的精准性、广告效果评估反馈的实时性与可视化，程序化购买模式受到越来越多的广告主的关注与青睐，逐渐成为数字广告市场的主要交易模式。

例如，全球日用消费品巨头宝洁，2014 年的广告程序化购买在公司整体广告投入中的占比超过 70%；旅游服务及综合性财务、金融投资和信息处理公司美国运通则计划将所有广告预算都用于程序化购买广告；在国内，海尔集团早在 2012 年就开始采用 DSP 平台，电商巨头京东在程序化购买广告中的投入占到预算的 20% ~ 30%。

◆ 程序化购买广告产业生态日益优化

随着市场规模快速增长，程序化购买广告产业生态日益优化完善。一个完整的程序化购买广告产业链包括 DSP 公司（Demand-Side Platform，需求方平台）、SSP 公司（Sell-Side Platform，销售方平台）、DMP 公司（Data Management Platform，数据管理平台）、ADX（Ad Exchange，广告交易平台）以及第三方监测机构等，如图 5-3 所示。

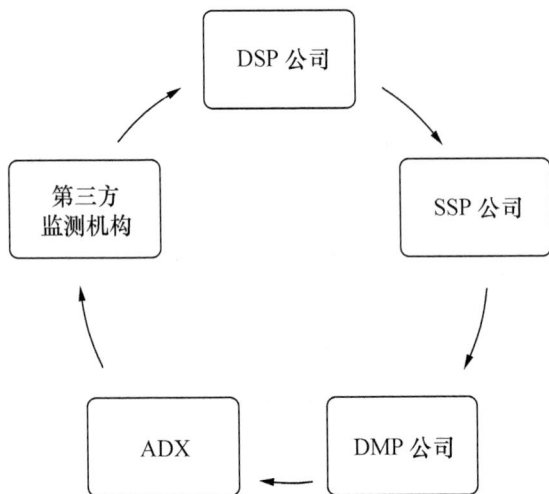

图 5-3　程序化购买广告产业链

（1）DSP 公司：为品牌广告主服务，主要通过对专业大数据分析软件的开发应用，帮助广告主进行科学合理的决策，实现广告的精准投放。

（2）SSP 公司：服务于媒介资源，通过联盟形式将分散的网络媒体流量聚合起来产生商业价值。

（3）DMP 公司：主要是通过对大数据资源的挖掘分析和管理应用，为 DSP 公司提供更优质的大数据服务。

（4）ADX：为广告程序化购买两方（DSP 和 SSP）提供对接交易平台，并收取一定的服务费获利。

（5）第三方监测机构：负责对网站流量和程序化购买模式

的广告效果进行实时监测。

随着程序化购买广告市场的爆发式成长，不仅产业链中涌现了大量专业平台和企业，而且以 BAT 为代表的大型互联网公司也积极参与程序化购买广告，依托自身的流量、技术、大数据等资源优势构建 DSP 公司和广告交易平台，大大推进了我国程序化购买广告产业生态的优化成熟。

5.2.2　程序化购买广告的 4 种模式

2017 年 8 月 4 日，中国互联网络信息中心（CNNIC）发布的《第 40 次中国互联网络发展状况统计报告》显示，到 2017 年 6 月，我国网民规模达到 7.51 亿，互联网普及率为 54.3%；其中手机网民规模和比例持续增加，分别达到 7.24 亿和 96.3%。

随着互联网日益成为如同水电一样的基础设施，数字广告营销也受到越来越多广告主的青睐，广告程序化购买的市场规模呈现持续爆发式增长：2012 年广告程序化购买市场规模为 5.5 亿元，程序化购买展示广告在展示广告中的占比仅为 1.5%；预计 2018 年，两个数据将分别达到 469.6 亿元和 34.7%。

近些年，我国数字广告产业的爆发式增长，使广告主对程序化购买的关注度与认同度不断提高，并将越来越多的预算投入程序化购买。与以往的广告交易方式相比，广告程序化购买依托互联网大数据技术，实现了用户精准画像、广告精准投放、广告效果评估反馈的即时性与可视化等，能够为广告主带来更大的价值想象空间。

因此，越来越多的广告主开始在企业内部成立专门的数字广告营销业务部门，且 CDO（ Chief Digital Officer，首席数字官 ）在公司运作中发挥越来越重要的作用。

同时，一些大品牌广告主通过打造自身的 DMP 实现内部大数据的采集、整理、分析与应用，并结合供应商、经销商、独立的 DMP、DSP、互联网企业等第三方提供的大数据，洞察目标受众特质，实现受众精准画像，从而为广告的精准投放提供有力支撑。

随着大数据的发展成熟和广泛应用，广告主企业内部的组织架构和广告营销模式正发生颠覆性变革，数字广告、程序化购买获得越来越多的认同与青睐。

广告程序化购买的具体方式并不固定，呈现多元化形式。美国互动广告局（Internet Advertising Bureau，IAB）从资源售卖的角度将广告程序化购买分为 4 种模式，如图 5-4 所示。

（1）PDB：即 Automated Guaranteed，**流量与交易价格是双方协商固定的，类似于传统的数字广告直接售卖，与后者的区别在于项目执行过程的自动化。**

（2）PD：即 Unreserved Fixed Rate，**无库存流量预订的交易，指交易双方预先协议价格，但没有库存流量保证，不过其**

优先级高于受邀竞拍获取流量的交易方式。对卖方来说，预先
固定价格保证了品牌溢价，具有更强的财务可控性；对买方而
言，可优先获得公开市场中稀缺的视频和富媒体资源，更好地
满足广告主需求。

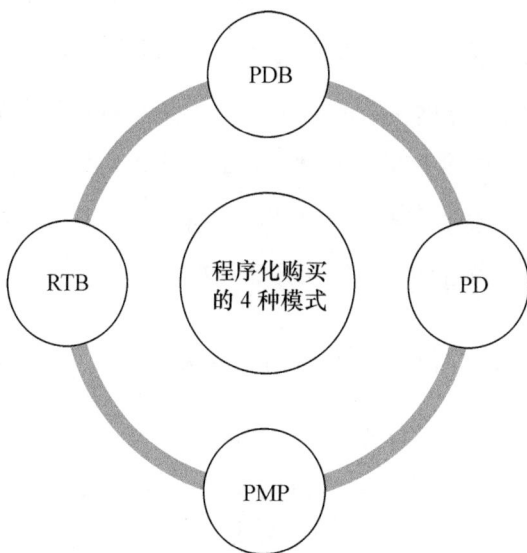

图 5-4　程序化购买的 4 种模式

（3）PMP：即 Invitation-Only Auction，受邀竞拍获取流
量的交易，指大型媒体集团构建私有交易市场，通过白名单 /
黑名单邀请广告主参与竞拍流量。从国内来看，新浪、搜狐、爱
奇艺、PPTV 等媒体平台的广告程序化交易倾向于采用这种模式。

（4）RTB：即 Open Auction，公开市场竞价，是当前国

内市场中常用的广告程序化购买方式。不过，由于很多掌握优质流量资源的大型媒体平台为获取最大的利益更倾向 PMP 方式，优质流量难以进入广告交易平台，从而导致广告主单纯依靠 RTB 模式很难获取大量的优质流量资源。

在数字广告时代，广告付费方式发生了颠覆性变革：从以往主要按照 PV 量（Page View，页面浏览量）和点击量付费的方式转为以流量转化率和广告效果为主要依据的付费模式，这为 DSP 公司带来了新的机遇和挑战。从需求方来看，PDB 与 RTB 有机结合的广告程序化购买方式有助于实现广告效果的最大化，将成为品牌广告主的主要购买模式。

5.2.3 实时竞价广告平台的主要类型

从交易公开性角度来看，程序化广告的交易模式包括公开交易和非公开交易两种，其中，RTB(Real Time Bidding，实时竞价）模式是公开交易模式的典型代表。私有交易模式又被分为 PA(Private Auction，私有竞价）、PD(Preferred Deals，优先交易）以及 PDB(Programmatic Direct Buy，私有程序化购买）3 种。在营销行业中，RTB 模式已经得到了广泛应用。

RTB 利用技术手段对海量网站中的用户群体进行评估并出价，该过程需要 Ad Exchange、SSP、DMP 及 DSP 的共同参与。**整个流程是用户进入某个网页或打开 App 后，Ad Exchange**

将会收到 SSP 提供的用户访问通知，然后由 DMP 对用户特性及需求进行分析，并将分析结果反馈给 DSP，接着 DSP 会根据该分析结果以及广告主的营销需求进行广告竞价，出价最高的广告主将会获得此次展示机会。虽然从表面上看，该流程颇为复杂，但整个过程耗时不过 0.1 秒，几乎可以做到实时投放。

不难发现，高科技技术的运用是 RTB 实现精准营销的关键，互联网用户在网络中的搜索、购买、评论、分享等行为都会留下痕迹，这些痕迹将会被大数据、云计算等技术获取并分析，在积累足够用户数据的基础上，当用户浏览网页或者打开 App 时，就会收到后台系统推送的定制广告。

RTB 交易过程中的实体指的就是上面所提到的 Ad Exchange、SSP、DSP 及 DMP。下面分别对其进行详细分析。

（1）Ad Exchange

Ad Exchange 是一个开放性的线上广告市场，它为广告主、广告商、媒体平台等个体及组织提供了一个进行广告交易的开放渠道，能够帮助广告主在合适的时间及合适的地点把合适的内容提供给目标群体。

每次广告的广告收视次数将被估值，然后通过 RTB 技术使广告主对每个展示在用户面前的广告位进行竞价。Ad Exchange 的存在，有效降低了广告主的营销成本，而且为广告商带来更高的收入。更为关键的是，它能够根据用户需求提供定制内容，从而给用户带来良好的阅读体验。

（2）SSP

SSP 是对广告商的广告投放进行有效分析及管理的第三方服务平台，能够帮助广告商提高收益。在这个平台的帮助下，广告商的广告位将会被竞价，最终以最高的价格成交，从而使广告商获得更高的利润回报。不难发现，SSP 是位于广告主和广告商之间的中介组织，主要为广告商提供服务，充分挖掘流量价值，争取实现广告商利润最大化。

（3）DSP

DSP 是一种为广告主提供广告位购买服务的开放性第三方平台，平台整合了广告交易平台提供的海量广告位资源。和SSP 类似的是，DSP 也是广告主和广告商之间的中介机构，不过其服务的对象是广告主，而不是广告商，目的是帮助广告主以较低的成本定位目标群体，并推送定制广告。

由于广告受众需求多元化，而且市场中存在海量广告位，要让普通的广告主对目标群体进行定位，并选择性价比较高的广告位实现精准投放，是一件困难的事情。而DSP 的出现，有效解决了这个问题，它能够利用互联网中的海量用户数据对目标群体进行定位，并为广告主选择性价比较高的广告位，在控制营销成本的同时，确保达成预期效果。

（4）DMP

DMP 可以帮助参与广告交易活动的各个主体对数据进行管理、获取第三方专业数据、提供反馈数据、对数据进行分析等。

程序化广告的实现，是建立在对海量数据进行分析及应用的基础之上的。例如，**当用户浏览网页时，DSP 需要在极短的时间内对其相关数据进行分析，为之描绘用户画像，判断该用户适合哪些广告主。**

DMP 不仅能够让 Ad Exchange、DSP 及 SSP 更高效地管理自身的数据，还提供了专业的第三方数据。从平台属性上看，DMP 是一种整合了数据供给、数据发掘及数据管理的大数据平台。随着自身规模不断增长，部分 DSP 也开始提供 DMP 服务。

5.2.4 需求方平台的主要类型

我国程序化购买广告市场的发展时间较短，尚处于前期探索阶段，但在数字广告产业迅猛发展的助推下，市场增长空间巨大、前景广阔。同时，虽然国内涌现了大量专注于程序化购买的 DSP 平台，但品牌 DSP 平台的比重很小。当前我国广告程序化购买市场中的 DSP 平台大致可分为以下 4 类：

（1）**依托大型互联网企业的 DSP 平台，如易传媒背靠阿里巴巴集团，Media V 则有 360 的强力支持等；**

（2）**依托大型营销传播集团的 DSP 平台，如传漾科技和广**

东省广告集团股份有限公司、多盟与蓝色光标传播集团等；

（3）独立型的 DSP 平台，如品友互动、悠易互通等；

（4）外资 DSP 平台，如全球互联网巨头谷歌平台推出的一站式营销平台 DBM（DoubleClick Bid Manager）等。

上述 4 种类型的 DSP 平台各有优势，它们之间的竞争将成为国内程序化购买广告产业市场的常态。背靠大型互联网企业的 DSP 平台能够分享互联网企业的大数据资源，有大型营销传播集团支持的 DSP 平台在数字广告策划创意方面具有优势，独立型的 DSP 平台拥有专业的技术团队、大数据分析工具以及独立灵活的流量代理与客户服务，外资 DSP 平台则具有专业技术和海外广告客户资源的优势。

随着我国广告程序化购买市场的快速发展成熟，品牌 DSP 平台将受到越来越多广告主的青睐，逐渐成为广告程序化购买市场的主导力量，从而推动市场结构从自由竞争转向垄断竞争。不过，广告主在这个转变过程中应尽量避免外资并购垄断，积极打造本土的品牌 DSP 平台。

移动互联网的发展成熟和以智能手机为代表的移动终端的广泛普及，推动了移动数字广告市场的爆发式成长，也使移动广告程序化购买成为新的行业发展趋势。当前国内移动广告程序化购买主要表现出以下特质：

（1）RTB 是移动广告程序化购买的主要模式；

（2）本地化移动广告程序化购买具有广阔的市场想象空间；

（3）品牌移动 DSP 平台逐渐成为数字广告市场的"新宠"。

新媒体的强力冲击和数字广告产业的迅猛发展，推动了传统媒体的数字化转型升级，从而使广告程序化购买从互联网新媒体逐渐拓展到电视、广播、报纸、杂志等传统媒体平台。传统媒体的程序化购买将推动媒体经营方式的优化变革：

（1）随着互联网智能电视的普及，传统的电视广告将实现基于目标受众的精准投放，不过这需要 DSP 平台获取大量的电视观众实时交互数据，并利用大数据分析技术实现观众的精准画像，进而围绕目标观众的偏好进行广告投放；

（2）传统媒体通过与 DSP 平台建立战略联盟推动自身的数字化转型和媒体经营创新。

户外广告是广告产业生态的重要组成部分，同样也受到程序化购买交易模式的影响。而数字户外媒体的大量涌现以及传统户外媒体的数字化转型，为户外广告程序化购买提供了有利条件：

（1）通过与智能手机的实时互动获取用户大数据资源；

（2）借助人脸识别技术，对广告目标用户进行精准画像，实现户外广告的精准投放；

（3）通过搭建用户参与互动的各种场景，积累大数据资源。

以可口可乐的智能冰柜为例，它相当于一个云分析平台，当用户观看屏幕上的内容和广告时，智能冰柜就会通过对地理位置、社交媒体、天气、人脸识别结果等诸多因素的综合分析，提供更符合用户特质和需求的定制化广告，以此实现户外广告的精准投放。

户外媒体程序化购买有利于提高户外广告的精准性和广告效果。不过，这既需要户外媒体加快推进自身的数字化转型升级，又需要建立并不断优化户外媒体程序化购买广告产业的整体生态系统。

5.2.5　程序化购买的收费模式与运用

◆ 程序化广告的收费模式

程序化广告的收费模式，包括以下 3 种。

（1）CPM（Cost Per Mile，**按千次展示收费**）

采用 CPM 收费模式时，广告主需要按照每千次展示付费，在流量庞大的媒体平台上，这种收费方式已经得到了普遍应用，新浪、搜狐、腾讯等门户网站，微博、微信等热门 App，电视等传统媒体都是以 CPM 收费模式为主。

（2）CPC（Cost Per Click，**按点击收费**）

在 CPC 收费模式中，只有用户点击广告后，广告主才需要支付费用，否则即便取得海量的曝光量也不需要付费。这种收费模式的优势在于，它能够防止广告商及媒体平台通过篡改流量数据非法获利，对营销效果的考核也很有利。

（3）CPA（Cost Per Action，**按行动收费**）

在 CPA 收费模式中，广告主是为用户的某种行为（购买产品、注册、转载、评论、下载软件等）付费的，而且这些行为通常是广告主的营销目的。不难发现，这种收费模式对广告主极为有利，但广告主需要为此付出较高的成本。

CPM、CPC 及 CPA，这 3 种收费模式并没有优劣之分，广告主可以根据自己的实际需求做出选择，而且国内的大多移动广告平台支持这 3 种收费模式。在确定广告投放平台的过程中，广告主需要结合平台流量、权威性、媒介资源等因素综合考量。

◆ 运营商大数据在程序化广告的应用

电信运营商掌握的海量用户数据，在程序化广告中有广阔的应用前景。具体来看，电信运营商掌握的用户数据，可以分为以下几种类型。

（1）个人属性数据：如设备号、位置、终端、职业、注册信息等。

（2）通话数据：如通讯录、主叫和被叫记录、通话时长、话费消费及充值信息等。

（3）用户上网数据：如安装的 App、搜索数据、浏览内容、购买记录等。

（4）社交工具及渠道数据：如短信、微信、微博、贴吧、电子邮件等。

在程序化广告中，这些数据有助于完善用户画像，更为精准地分析用户需求，从而确保能够取得预期营销效果。我国电信运营商目前也在积极布局程序化广告业务，早在 2013 年，中国电信浙江公司就建立了国内首个由电信运营商自主研发的互联网广告实时交易平台，对电信运营商发掘大数据价值起到了良好的示范作用。

与互联网企业相比，电信运营在程序化广告中的核心优势在于，它掌握了网络通道中的海量用户数据。在跨界融合成为常态的背景下，电信运营商应该积极行动起来，不能仅依靠对资源及市场的垄断而止步不前，需要通过布局程序化广告业务等方式，积极参与到移动互联网的生态体系中来，这样才能不断提高自身的市场竞争力，造福亿万民众。

整体来看，打造 DMP 是运营商发掘程序化广告产业链价值的有效途径。DMP 能够提供与用户购买内容相关的环境数据，通过对该数据进行处理及分析后，使其与合适的广告主进行匹配，在极短的时间内完成实时竞价。此外，DMP 会利用智能算法帮助广告主及广告商考核用户营销价值，帮助其对营销方案进行优化调整，在控制营销成本的同时，产生良好的营销效果。

运营商在打造 DMP 的过程中，要在分析性别、职业、年龄、手机号等基本属性数据的同时，重点关注用户的网络数据，如搜索关键词、在线时长、位置信息、购买数据、阅读及观看内容等。通过对海量用户数据进行搜集并分析，运用数学模型对用户群体进行细分，建立能够为移动互联网广告营销提供有效参考的用户电子档案。

5.3　品牌广告主如何拥抱程序化购买

5.3.1　广告主如何应对程序化购买

基于广告主对程序化购买的本能要求及程序化购买自身的发展动力，近两年，程序化购买在以下几个方面表现出强劲的发展态势，如图 5-5 所示。

◆ 从"多屏"到"跨屏"

在碎片化时代，广告主如果想牢牢抓住消费者的兴趣点，就必须采用多屏整合的数字营销方式，程序化购买也是如此。现阶段，品友互动、优易互通等公司已将关注点聚焦在了多屏程序化购买方面，帮广告主增加了覆盖屏幕的数量。从多屏到跨屏的实现并不容易，针对同一消费者 IP 的跨屏与针对同一广告主广告的跨屏有很大的不同，这是程序化购买亟须解决的关键技术难点。

◆ 从"PC 端"到"移动端"

在产业链逐渐成熟及移动趋势逐渐深化的背景下，移动程序化购买相继出现。随着用户使用媒体及终端的方式日益多样化、碎片化，广告主迎合用户习惯的需求也越来越迫切。在这种情况下，移动程序化购买必须与用户多样化、碎片化的移动端使用习惯相适应，让用户享受即时、准确的广告互动体验。同时，与移动广告相比，把大数据等分析技术引入移动程序化购买，还将使移动广告变得更加人性化。

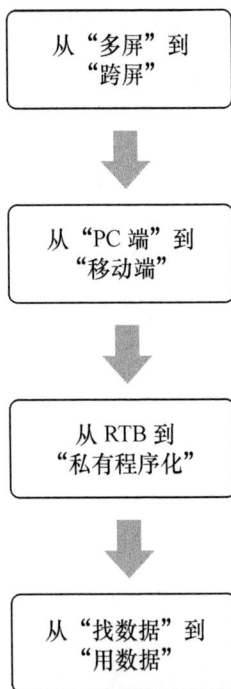

从"多屏"到
"跨屏"

↓

从"PC 端"到
"移动端"

↓

从 RTB 到
"私有程序化"

↓

从"找数据"到
"用数据"

图 5-5　广告主如何应对程序化购买

◆ 从 RTB 到 "私有程序化"

现如今，消费者多元化的需求也是广告主不得不面对的一大难题。大量品牌广告主涌入市场，为了满足他们的品牌需求，程序化购买必须启动私有程序化购买，因为这种购买形式最适合品牌广告主使用。通过这种方式，不仅广告主专属广告位的排他性优势能得以有效满足，广告主还能综合控制广告内容的个性化展示与投放频次。

例如，对某些拥有多个产品线的品牌来说，借助私有程序化购买，这些品牌能在不同的时间、位置，面向不同的人群发布不同的广告内容，甚至可以对人群进行细分，根据消费人群精准地投放广告。面向不同的用户使用不同的创意与其沟通，从而使品牌的美誉度大幅提升。

◆ 从 "找数据" 到 "用数据"

当品牌以 DSP、PMP 为依托让消费者享受细致、贴心的服务时，还必须以强大的大数据挖掘能力、技术创新与产品工具为支撑。大数据不只是构建数据库，还要对有价值的数据进行建模、分析，剔除无用的数据，最终回归到提升目标用户体验中来，使广告宣传效果大幅提升。

近两年，在程序化购买市场上，跨屏、移动化、私有程序化购买带来了新变化，也带来了新机遇。另外，顺应广告主需求的原生程序化购买与电视程序化购买也开始崭露头角。总而言之，现如今，颠覆传统媒介采购及投放模式的程序化购买正在为广告主带来丰富的投资回报，程序化购买正在朝广告的本质靠拢，以"人"为中心，整合流量和行业，深入挖掘技术。

5.3.2　广告主如何选择程序化购买

近年来，程序化营销迅猛发展，已成为全球广告业的发展趋势，特别是随着 RTB、PDB 等广告平台投放技术的不断发展，对用户来说，程序化营销将成为一种主要的广告支付方式；对广告主来说，程序化营销将成为营销投放的标配。基于此，越来越多的广告主加大了在程序化购买方面的投入。那么，程序化购买究竟有何魔力呢？

在过去的几年里，汽车、电商、快消品行业及其他一些充分竞争行业加大了在程序化购买方面的投入，同时，程序化购买浪潮也吸引了传统行业的加入。虽然程序化购买的普及度越来越高，但很多广告主心中有疑问：程序化购买究竟适不适合我？面对程序化购买，所有广告主都要思考这个问题。

◆ 效果类广告主仍是中流砥柱

RTB 刚兴起之时就吸引了游戏、电商、App 下载等领域的广告主，这些广告主有一个共同点就是追求广告实效。迄今为止，在 DSP 市场上，占据最大市场份额的依然是效果类广告。

DSP 广告是按受众的购买方式投放的，因此其具有精准度高、实时监控能力强、能直接反馈广告效果的特点。所以，在广告市场中，效果类广告仍是主要的推动力量。

品牌要想借 DSP、PDB 为消费者提供极致的服务，必须借助强大的大数据挖掘能力及技术创新、产品工具。同时，对效果类程序购买来说，数据挖掘技术与能力是两大增长点。而随着跨屏、移动及大数据技术的挖掘应用，效果类程序购买也吸引了广告主的广泛关注。因此，未来，随着数据挖掘等技术不断发展，通过程序化购买，效果类广告将实现精准投放和高效投放。

◆ 品牌广告主成为新力量

品牌广告主与效果类广告主思考的问题有很大的不同，品牌广告主思考的问题：**如何通过程序化购买获得更加优质的投放效果？如何通过程序化购买增强消费者对品牌的喜爱，在品牌与用户间建立情感纽带？程序化购买如何摒弃数字导向思维，将目光转向品牌的树立与塑造？**

事实上，程序化购买一开始就具备了这些功能，宝洁公司也正是因为这个点才加大了在程序化购买方面的投入。

品牌广告主希望理智地、有计划地进行程序化购买，回到广告的本质，也就是希望创造有价值的、有新意的品牌信息，并以智能化的方式将信息传递给用户，以从情感方面获取消费者的认同，与消费者建立情感联系。为了与消费者建立良好的关系、提升消费者的忠诚度，广告主必须学会使用和利用大数据触及目标消费群体，选择合适的广告环境，将品牌信息传递给用户。只有如此，广告主才能在一个正确的环境中和正确的受众建立正确的联系，将品牌创新信息的价值传播给受众，从而引导受众积极地与品牌互动。

与效果类广告主相比，品牌广告主对价格不甚敏感，但对广告投放环境、广告投放的安全性与稳定性有很高的要求，所支付的费用也相对较低。随着品牌广告主对程序化购买的认识逐渐深入，对程序化购买产业链上的各参与主体也产生了推动作用，未来，程序化购买、私有市场 PMP 将逐渐成为发展趋势。

品牌广告在广告创意等方面的需求将推动广告公司、创意公司参与程序化购买。除此之外，程序化购买还吸引了很多为品牌广告主服务的代理公司。由此可见，程序化购买这种广告形式正在逐渐变得完整、全面。

5.3.3　构建程序化购买的评价体系

针对数据流量作弊问题，程序化购买广告产业应加快出台严格规范的行业标准，并积极建立第三方数据监测平台和权威的程序化购买广告公司信誉评价机制，为程序化购买广告产业创造良性、健康的发展环境。

◆ 行业标准规范的出台

2015 年 7 月，全国信息技术标准化委员会分委员会审议通过了由中国数字化营销和服务产业联盟共同提交的《程序化营销技术：协议》《程序化营销技术：执行规范》《程序化营销技术：数据规范》《程序化营销技术》等一系列行业标准文件。

在程序化购买广告公司大量涌现、专业服务能力良莠不齐的情况下，这些行业标准的出台为程序化购买广告公司的运作提供了明确的规范引导，有助于构建良性、健康的产业生态环境，使程序化购买公司专注自身专业代理服务能力的提升，最终促进程序化购买广告产业生态的优化成熟。

◆ 权威的程序化购买广告企业声誉评价

除了加快建立健全相关行业标准，我国程序化购买广告产业还应深度履行广告监管机构和行业协会的职能，保证行业标准有效落地，并建立权威的程序化购买广告企业的信誉评估机制，引导资本向信誉更好、专业能力更强的公司流动，从而推动程序化购买广告产业步入良性、健康的发展轨道。

程序化购买平台专业代理能力的影响因素主要包括：**大数据的获取、分析与管理应用能力，程序化广告交易专业软件的研发能力，程序化广告效果的实时性、可视化评估能力等。**虽然我国程序化购买广告产业尚处于前期起步阶段，但大型互联网企业和营销传播集团的参与布局以及大量资本的涌入，有力地推动了 DSP 公司专业代理能力的快速提升。

例如，国内领先的整合数字广告平台易传媒，在 2015 年 1 月被阿里巴巴集团战略投资并控股后，打通了自身大数据与阿里巴巴的大数据，并将阿里巴巴强大的大数据分析技术应用到专业软件开发，从而大幅增强了程序化购买专业代理能力。

国内的实时竞价广告平台品友互动，通过深耕程序化购买专业交易软件不断提升自身的代理能力，并积极与一些有影响力的媒体网站建立合作关系，获取更多大数据与流量资源，致力于打造"人群定向、智慧传播"的中国数字广告平台。

此外，力美科技依托旗下的两大产品力美 AND 和力美 DSP，深耕移动程序化购买广告市场，成为该领域的引领者；悠易互通则与广州日报新媒体有限公司进行战略合作，专注打造多屏融合的全媒体数字广告营销互动平台，成为我国多屏程序化购买广告的领导品牌。

随着程序化购买广告逐渐成为广告主和资本市场的"新宠"，产业规模呈现爆发式增长，推动了程序化购买广告公司的大量涌现，进而导致产业的市场竞争越来越激烈。

从建设性角度来看，大量程序化购买广告公司的涌现和激烈竞争，有利于推动这些公司深耕技术研发，积极拓展获取大数据资源的渠道，从而提高程序化购买广告公司的专业服务能力，最终带动程序化购买广告产业整体生态的良性、快速发展。

从消极的角度来看，程序化购买广告公司的大量涌现导致市场中的专业服务水平参差不齐，从而有可能造成"劣币驱逐良币"的不利情况。广告主很难准确了解各个程序化购买广告公司的专业能力，因此只愿意支付市场的平均价格，这导致那些能够提供优质专业服务但收费高于市场平均价格的优秀程序化购买广告公司难以生存和发展，反而那些较差的程序化购买广告公司能够凭借价格优势获取大量客户。

对此，程序化购买广告产业应尽快建立健全相关评估体系，使广告主在选择时有据可依，进而推动程序化购买广告公司不断提升自身的专业能力。

第 **6** 章

数字媒体时代：
如何实现广告精准投放

6.1 数字化媒体时代的品牌创新与突围

6.1.1 数字化媒体传播的主要特征

随着数字媒体在人们生活及工作中扮演的角色越来越重要，将数字媒体应用到网络广告渐成趋势。企业希望尽可能地控制营销成本，并追求营销效果最大化，但由于网络广告规模高速增长、同质化内容泛滥，网络广告的效果越来越差，而数字媒体在网络广告中的应用，无疑为破解网络广告的发展困境提供了新的思路。

在广告平台的积极探索下，网络广告形式越来越多元化，全屏广告、对联广告、巨型广告等新形式大量涌现。在同质化竞争日渐泛滥的网络广告领域，如何使广告赢得目标群体的认可，激发用户的购物欲望，不仅需要富有创意的内容，而且需要结合数字媒体将其展示在目标群体面前。

数字媒体是一种采用二进制的形式传播、处理、记录及获取过程的信息载体，其信息载体可以分为逻辑媒体以及实物媒

体，其中逻辑媒体又可以分为感觉媒体及表示媒体。

（1）感觉媒体，如数字化的文字、图片、音频及视频等。

（2）表示媒体，用于展示感觉媒体的媒体被称为表示媒体。

（3）实物媒体，能够展示、存储及传输逻辑媒体的媒体被称为实物媒体。

大部分人认为的数字媒体其实只是感觉媒体。进入移动互联网时代后，数字媒体逐渐从以媒体为中心转变为以用户为中心，而且数字媒体并非仅具有简单的信息传播功能，社交、信息服务、文化娱乐等也是其具备的功能。数字媒体具有以下几个方面的典型特征，如图 6-1 所示。

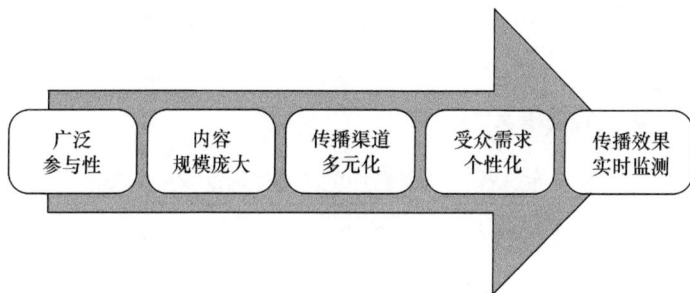

图 6-1　数字媒体的典型特征

◆ 广泛参与性

与报纸、杂志等传统媒体相比，数字媒体具有极强的开放性，而且近乎无限的网络空间不会受到版面、频道容量的限制。移动互联网的推广普及，以及智能手机硬件配置越来越强大，为人们在各种各样的数字媒体中获取、评论及分享文字、图片、视频等各种形式的数字媒体信息奠定了坚实的基础。所有人都能够参与到数字媒体的传播中来，发布网络广告的成本越来越低，中小企业甚至是个体也可以发布网络广告。

◆ 内容规模庞大

数字媒体的内容表现形式多元化，文字、图片、音频、视频等都可以用来表达内容，人们可以同时使用多种形式分享自己身边发生的一切。在生活节奏越来越快、工作及学习压力不断增加的情况下，人们需要找到一种有效的表达途径，而数字媒体无疑成为一种绝佳的选择，学习中遇到的问题、生活的压力、情感上的问题等各种信息都成为人们在数字媒体中分享的内容，这就使数字媒体内容迎来爆发式增长。

◆ 传播渠道多元化

人们可以通过各种简单易用的工具，搭配文字、图片、音频、视频等各种形式的内容，并根据自身的个性化需求发布在各种渠道中，而且随着 IT 技术的快速发展，以前仅支持文字及图片的社交媒体如今也支持用户上传语音及视频内容，从而进一步促进了传播渠道的多元化。

◆ 受众需求个性化

我国经济的快速发展，使人们的收入水平及购买力得到了大幅提高，在物质需求得到满足的基础上，人们开始追求精神及情感享受，此时，个性化的内容需求在短时间内集中爆发。与此同时，在数字媒体内容规模快速增长的情况下，企业只有为用户提供满足其个性化需求的信息，才能取得预期的营销效果。

◆ **传播效果实时监测**

在大数据、云计算、移动互联网等新一代信息技术的支撑下，数字媒体平台可以对信息的传播效果（通过点击量、评论数、转化率等指标量化）进行实时监测，从而为企业的营销推广提供专业的指导。事实上，对传播效果的实时监测不仅可以帮助企业改善营销方案，而且能够根据用户的反馈意见对产品设计、生产、定价、交易、支付、配送、售后服务等业务流程进行改造升级。

6.1.2 数字化媒体时代的品牌建设

在移动互联网以及智能手机的推动下，人类社会已经迈入数字化媒体时代。智能手机、平板电脑、VR 眼镜、智能手环等移动智能终端的推广普及，对人们的生活及工作产生了颠覆性影响，利用社交媒体平台、视频网站、直播平台、电商平台、本地化生活平台等各类网络平台进行娱乐、交友、购物等已经成为人们生活中的重要组成部分。

在信息实现实时传播的数字媒体时代，企业沿革多年的传统品牌建设理论不再适用。**企业需要寻找新的实践路径打造强有力的品牌，如何提高品牌的知名度以及影响力，赋予其更高的溢价能力等，是品牌经理亟须解决的重点问题。**

1995 年，麻省理工学院教授兼媒体实验室主任尼古拉斯·尼葛洛庞帝（Nicholas Negroponte）出版了《数字化生存》一书，并指出数字化时代的序幕已经拉开。英国学者雷·海蒙德（Ray Hammond）提出，信息时代存在物质化信息时代与数字信息时代两大发展阶段。

在新技术与新模式层出不穷的移动互联网时代，数字化媒体时代具有更丰富多元的特征。

◆ 媒体智能化为品牌建设提供新平台

在数字化媒体时代，人们的生活变得更加方便快捷，能够享受丰富多元的优质产品及服务。互联网已经成为人们生活及工作中的重要组成部分。智能手机、平板电脑、可穿戴设备等移动智能设备在我们生活中发挥的角色越来越关键，人们充分享受到了智能产品带来的优质服务体验，可以随时随地获取世界各地的实时资讯，购买海外的特色产品，等等。

◆ 沟通多样化为品牌建设提供多样化渠道

信息传播媒介及载体的多元化，使企业的品牌建设渠道有了更多的选择。微信、微博、论坛、贴吧、视频网站、音频平台、直播平台、本地化生活平台等是人们聊天交友的有效工具，而企业可以根据目标群体的特性，选择用户较为集中的平台传播并分享与产品相关的各种信息，如分享品牌故事、邀请用户参与活动等。

◆ 购销双方的互动性对品牌建设提出更高要求

在自媒体时代，人们可以自由分享自己的观点，很多人也因为在社交媒体平台中和其他人就某一事物进行讨论，而认识了很多朋友。在消费决策的过程中，人们不再像以前一样仅关注产品功能、价格，而是全方位地了解产品及品牌信息，品牌背后的价值主张是否与自身保持一致等，这些会对消费决策产生关键影响。所以，企业必须充分利用各种类型的数字化沟通工具，与目标群体进行实时的沟通交流，不断向他们传递有价值的内容。

◆ 企业不断迎合新媒体时代的持续创新性是打造良好品牌形象的基础

科学技术日新月异，并且在各领域的应用程度日渐加深，产品的更新迭代速度变得越来越快，人们对新生事物的接受程度也逐渐提升，所以，在竞争激烈的移动互联网时代，企业已经很难像以前一样凭借一款经典产品源源不断地获取高额的利润回报，必须不断创新，才能应对竞争对手的同质化竞争，满足人们不断升级的消费需求，最终在消费者心中建立良好的品牌形象。

6.1.3 贴近客户：倾听客户的声音

在"以消费者为中心"的互联网商业时代，产品性能和质量、生产效率、服务能力等已成为企业基本的技术性要素，而对客户需求的精准定位和品牌建设则上升为决定企业核心竞争力的战略要素。

不过，数字化时代的快速发展为品牌建设带来了新的挑战：互联网工具、社交自媒体等的广泛普及使消费者的活动越来越数字化、虚拟化，加大了品牌经营者寻找和定位目标客户的难度，进而导致单向的品牌传播逐渐失去效用，品牌不再只是被企业掌握，而成为企业、社会化媒体、客户共同参与建设的内容。

因此，在以客户为中心、市场快速变化的数字化时代，企业要积极借助数字化渠道贴近、影响和经营客户，实现品牌突围，为他们提供更好的品牌体验。

在数字化时代，消费者获得了更大的主动权和话语权。因此，企业无法再像以往那样拥有绝对控制权，向客户进行单向的品牌传播；相反，客户有了与企业对话和协同体验的权利，越来越多地参与到品牌价值链中，与企业共同塑造品牌。

数字化时代的到来也为企业提供了贴近客户、获取更多反馈信息的方法和渠道。当前，消费者已成为整个市场运作和价值创造的核心，人们在选购商品、进行消费决策时，不再单纯地依赖企业提供的信息，而是更看重其他消费者在各种社交媒体上对品牌的评价和产品排行榜，同时也愿意主动在社交媒体中分享自己的体验。

这就要求企业改变以往的品牌管理模式，积极利用数字化渠道倾听客户的声音、把握客户的感知，以客户为中心，从客户体验出发塑造品牌。

◆ 深入了解客户心声

"哪些关键信息能让品牌更有效地吸引目标客户""哪些因素有助于客户做出购买决定""品牌应具备哪些要素才能让客户重复购买或推荐给朋友"等，以往企业要获取这些信息只能通过抽样调研或访谈的方式。

在数字化时代，各类社交媒体的不断涌现、大数据等先进技术的发展成熟，为企业深入、全面地倾听客户心声提供了更为便捷、有效的工具。利用数字化渠道，企业可以随时随地与客户进行连接交互，及时获取特定时间段内客户的品牌体验，精准定位客户需求与痛点，从而实现精准化的品牌塑造和营销。

◆ 持续测量客户感知

企业预期的品牌体验与客户的实际体验之间常常存在一定的差距。对此，企业可以通过数字化渠道和相关分析工具，持续测量客户的真实感知，找到实际体验与预期体验之间出现差异的原因，有针对性地优化并提升品牌传播与品牌体验的效果。

6.1.4 影响客户：赢得客户的青睐

数字化渠道不仅是企业贴近客户、及时获取客户想法的有效手段，也是企业与客户持续沟通交互、建立强信任关系和情感连接、培育和提高客户品牌忠诚度的关键。特别是在以消费者为中心的数字化商业时代，品牌只有与目标客户实现持续、深度的交互，让客户参与价值创造过程，才可能真正赢得客户的认同与青睐，提升自身的知名度与影响力。

数字化品牌影响客户的方式，如图 6-2 所示。

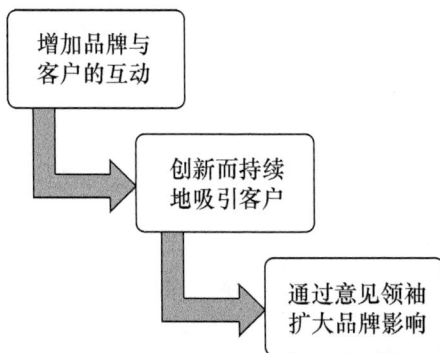

图 6-2　数字化品牌影响客户的方式

◆ 增加品牌与客户的互动

相关研究数据显示，约 64% 的国内消费者在社交媒体平台对品牌抱有开放、友好的态度。因此，在品牌竞争日益激烈的今天，数字化渠道已成为品牌突围、占据消费者心智的重要方式；同时，那些在传统渠道中表现优异的品牌，也将在数字化时代面临更多挑战。

当前，互联网和各类社交媒体已成为大众日常生活的一部分，而在以客户为中心的数字化时代，成功的品牌必然是能迎合客户行为方式、生活习惯的品牌。与传统渠道相比，数字化渠道具有更强大的品牌传播能力——信息可以通过客户在社交媒体中的交互分享迅速实现病毒式传播。因此，品牌经营者必须高度重视数字化渠道的价值，积极借助各类社交媒体平台与客户进行持续、深度、良性的互动，提高客户对品牌的认可与信任。

◆ 创新而持续地吸引客户

通过数字化渠道，品牌经营者可以与客户持续、深入地沟通交互，了解客户需求与痛点，然后以创新的方式持续提供能引起客户共鸣的内容，促使客户形成品牌期待的行为习惯，培育和增强客户的品牌忠诚度。

客户与品牌交互过程中所期望获得的利益，可分为短期利益和长期利益。前者如专业指导信息、新产品的消息、产品评论和排行、品牌活动信息、产品折扣或优惠等内容；后者如获取服务和关注、通过品牌互动及分享获得更高层次的认同感与归属感等。

品牌经营者要学会平衡客户对短期利益与长期利益的不同

诉求,在数字化媒体平台中持续创造有足够吸引力的话题和活动,从而通过长期、稳定的沟通交互培育和积累客户对品牌的信任与忠诚。

当前,越来越多的品牌经营者借助创新手段,实现了对客户的持续吸引。

作为世界知名的咖啡品牌,星巴克始终紧贴客户,充分借助各类社交媒体渠道进行创意营销,在竞争激烈的数字化时代,建立有效的品牌经营理念。客户要想在 facebook 上请好友喝一杯星巴克咖啡,可以直接把钱存入好友的 Starbucks Card 中,然后让好友通过 Starbucks Card 应用购买咖啡,从而获得一种全新的社交和消费体验。针对很多人赖床的习惯,星巴克推出了一款名为"Early Bird"(早起的鸟)的手机应用。如果客户在按下"起床"键后能够立即"起床",并在一小时内赶到附近的星巴克连锁店,就有机会获得一杯打折咖啡。

借助这些富有创意的方法,星巴克实现了与客户的持续交互,成功抓住客户,并通过提供客户期待的利益,将他们培育成星巴克品牌的忠诚粉丝。

◆ **通过意见领袖扩大品牌影响**

意见领袖是指在社交互动中创造或提供信息、对其他人具有一定影响力的核心成员。因此，品牌经营者应借助大数据分析等先进技术，在众多品牌客户中准确找到社交传播网络中的意见领袖，然后通过对品牌意见领袖的有效运维，构建众多客户参与的互动营销模式，获取口碑传播价值，大幅提高产品传播的渗透速度和品牌影响力。

6.1.5 经营客户：创造全新的体验

随着互联网基础设施的成熟完善，数字化媒体已渗透到社会各个方面，成为人们日常生活不可或缺的重要内容；同时，"互联网 +"的不断深化发展，又使线上线下的界限趋于模糊甚至消解。打通并有机融合线上线下的一致性无缝体验成为品牌经营的关键一环。

然而，面对数字化时代的新环境、新形势和新挑战，很多企业并没有及时转变品牌经营思维和模式，建立数字化品牌战略，有些品牌经营者由于担心负面的反馈信息对品牌形象造成不利影响，对数字化品牌战略持保留态度。

其实，在数字化时代，不论企业或品牌是否愿意，都不可能完全避开互联网商业浪潮。因此，明智的做法是主动顺应、融入新时代的发展趋势，深刻理解以客户为中心的互联网商业本质，积极利用数字化渠道实现对客户的有效经营，为客户创造无缝对接的品牌体验，以此赢得客户青睐、提高他们对品牌的忠诚度，数字化品牌经营客户的方式，如图 6-3 所示。

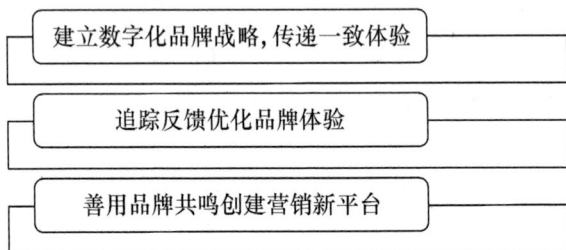

| 建立数字化品牌战略，传递一致体验 |
| 追踪反馈优化品牌体验 |
| 善用品牌共鸣创建营销新平台 |

图 6-3　数字化品牌经营客户的方式

◆ 建立数字化品牌战略，传递一致体验

与其他媒体渠道的品牌体验相比，数字化品牌体验更加注重客户本身的参与，是一种互动式体验。因此，品牌经营者在运用数字化品牌战略时，要注重向客户传递一致的品牌体验。数字化媒体（特别是社交媒体）不是一个独立的传播渠道，它应放入品牌运营的整体战略规划，实现不同媒体渠道品牌体验的一致性。另外，数字化品牌战略也离不开企业内部员工的充分参与，品牌经营者还需要建立对数字化品牌体验进行实时监测和定期评估的体系机制。

在数字化时代，品牌渠道更加丰富多元，经营者必须有效协调线上线下不同渠道的品牌策略，传递明确、一致的品牌体验，如此才能占领客户心智，赢得客户的认可和青睐。

◆ 追踪反馈优化品牌体验

数字化品牌战略不仅能吸引更多客户、提高品牌知名度与影响力，还可以持续追踪反馈品牌体验，进而基于获取的反馈信息有针对性地调整业务战略、优化运营模式，为客户创造更好的品牌体验。例如，企业可以利用相关工具对社交媒体中的客户口碑、产品意见等内容进行深度的挖掘分析，从而精准洞察客户的痛点和潜在诉求，更有针对性地优化产品和服务以及研发新品。同时，通过数字化渠道，品牌经营者还可以快速收集客户负面的品牌体验，及时与客户进行深入的沟通，了解问题所在并提供有效的解决方案，从而维护、修复或重建客户的品牌信任，提供更优的品牌体验。

◆ 善用品牌共鸣创建营销新平台

激发客户对品牌的心理情感共鸣是提高品牌营销影响力的有效方式。对此，品牌经营者可以借助各类社交媒体平台创新营销模式，通过与目标受众的实时、持续、深度沟通，及时向客户传递品牌活动和产品信息，并让客户参与营销信息的传播扩散过程，实现品牌营销与产品销售。

星巴克推出了粉丝在 facebook 上请好友喝咖啡的移动 App，这种创意营销方式最终帮助一家星巴克连锁店在一个半月里卖出了 2000 张电子礼品券，获得了 1 万美元的咖啡

销售收入，同时也大幅提高了星巴克品牌在社交媒体中的参
与度和活跃度。

在数字化时代，消费行为与需求快速变化，品牌竞争越
来越激烈，任何品牌要想成功突围，就必须改变传统的品牌
管理思维与模式，建立数字化品牌战略，以客户为中心，积
极利用数字化渠道贴近、影响和经营客户，创新品牌营销战
略，为客户提供无缝一致的品牌体验，从而赢得客户的认同、
青睐和忠诚。

6.2　新媒体时代的广告投放策略与技巧

6.2.1　新媒体广告的三大发展阶段

　　网络广告诞生于互联网的发源地美国，在 1994 年美国《连线》《*Wired*》杂志推出了网络版杂志后，包括 AT&T 在内的 14 家企业成为首批网络广告主，此后，网络广告开始在美国进入快速发展期。

　　网络广告虽然在国内市场的起步时间相对较晚，但目前已经得到了企业界的广泛应用，它是一种以互联网及移动互联网为传播媒介，通过向消费者展示文字、图片、音频、视频等形式的内容，向消费者传播产品及品牌信息，提高产品销量及品牌知名度的营销手段。与报纸、杂志、电视、广播及户外广告相比，网络广告在时效性、营销成本、用户覆盖规模等方面具有明显的领先优势，是企业营销战略升级的关键。网络广告具有以下特征。

　　（1）**开放性**

　　得益于互联网打破了时间与空间的限制，网络广告能够随时随地向目标群体传播推广，企业不必再为了抢夺传统媒体中有限的版面空间及黄金时段，而参与到巨头的资本战争中，网络广告所具有的开放性特征，促使企业将更多的资源与精力放在优化营销方案方面，可以在降低营销成本、提高营销效果的同时，改善用户体验。

在报纸、杂志、电视等传统媒体广告面前，用户缺乏选择权，企业在用户想要了解的内容中生硬地加入产品或品牌信息，从而导致用户产生强烈的抵触心理。在网络广告中，消费者的话语权得到极大的提升，他们可以根据自己的需求选择感兴趣的内容，获取内容的渠道、阅读方式等都可以自主选择。

（2）实时性

通过在数字媒体中投放网络广告，企业可以将想要传播的内容快速、高效地提供给目标群体。在竞争日趋白热化及消费需求动态变化的环境中，企业需要抓住转瞬即逝的发展机遇，实时为目标群体提供其感兴趣的信息。在遇到公关危机等突发事件时，企业更需要及时地在微信、微博等数字媒体中发布相关信息，从而将负面影响降到最低。

（3）可控性

可控性也是网络广告中的一大特征。在投放网络广告后，企业可以对投放效果进行实时监测，搜集用户的反馈建议，然后对营销战略进行优化调整，确保最终达成预期效果。

得益于双向传播、实时互动、承载内容丰富等优势，新媒体广告实现了快速崛起，吸引了大量企业及品牌商的积极探索。如何借助新媒体的强大传播力，提高产品销量及品牌影响力，是营销从业者关注的重点。

从新媒体广告的发展历程来看，新媒体广告主要经过了以下几个发展阶段，如图 6-4 所示。

图6-4　新媒体广告的发展阶段

◆ 传统网络广告阶段

传统网络广告是指广告主利用互联网技术、数字媒体技术等，在门户网站、网络社区等线上媒体进行营销推广。由于技术限制、媒体平台发展尚未完善等，传统网络广告存在互动性较低、信息表现形式单一、内容同质化等方面的问题。

◆ 富媒体广告阶段

在互联网技术快速发展的背景下，信息内容更为丰富、表现形式多元化、传播更为精准的富媒体广告应运而生。富媒体广告并非某种具体的网络媒体，而是一种互联网广告解决方案，不需要用户安装插件，就能为其提供图文、音频、视频等形式的内容，并支持信息的双向传播，广告主可以和目标群体进行实时的交流沟通。

在富媒体广告中，传统网络广告版面空间有限、用户体验较差、强制性等问题得到了有效解决，它具有传播效率更高、更为精准、赋予用户更多选择权、承载信息丰富、有利于企业监测营销效果等诸多方面的优势。

◆ 交互广告阶段

广告主利用支持用户传播、评论，再生产内容，并且能够进行线上交易支付的数字交互媒介，引导用户对其产品及品牌相关信息进行传播并实时反馈的营销方式被称为交互广告。交互广告具有极强的互动性，Web2.0 交互应用技术的发展为交互广告奠定了坚实的基础。

改善用户体验、激发用户参与、信息更加透明等是交互广告的几大优势。在日本本田新型环保柴油机 GRRR 营销方案中，营销人员通过在互联网、数字电视等媒体中投放 Flash 动画《Hate篇》，引导用户积极提供反馈建议、参加线下体验活动等，获得了良好的营销效果。

6.2.2 两大类型：硬广告与软广告

◆ 硬广告

硬广告是一种将产品或品牌信息直接展示在用户面前的营

销方式，具有强制性。这种广告营销容易引发用户的反感，电视、报纸、杂志以及早期的门户网站广告普遍采用这种方式。

从不同的角度对硬广告进行分类，得到的结果也是不同的。例如，根据广告目的划分，新媒体广告包括活动信息广告（通过新媒体向消费者传达活动信息）、促销广告（为了提高产品销量）、产品广告（以推广产品或提升品牌知名度为目的）、品牌广告（为了扩大品牌知名度）等。

其中，品牌图形广告在新媒体营销中的应用较为普遍，在垂直专业网站、门户网站中很常见，其目的是为了提高品牌的曝光度。品牌图像广告覆盖的范围广泛，弹出广告、按钮广告、流媒体广告、通栏广告、全屏广告、视窗广告、导航条广告、背投广告、摩天楼广告、横批广告等皆属此列。

如果我们从广告表现形式的角度划分，在位置、尺寸、像素、音频、视频等因素的影响下，新媒体广告的表现形式多元化。我们不妨参考网络视频平台的广告表现形式。网络视频平台的新媒体硬广告表现形式有插件广告、角标广告、图片对联广告、网页图文广告、视频贴片广告、复合式视频超链接广告、半透明活动重叠式广告等。

◆ 软广告

软广告是指企业通过将产品或品牌信息融入综艺节目、游戏、线上线下活动等，让用户在不知不觉中对产品及品牌留下深刻印象，从而刺激用户购买、提高品牌知名度等。软广告在用户体验、营销效果等方面具有明显优势。

新媒体软广告的主要形式是植入式广告，根据广告植入平台的差异，我们可以将新媒体软广告分为视频植入广告与游戏植入广告。

（1）视频植入广告

由于视频内容在感染力、冲击力等方面有优势，视频植入广告受到了广大企业的青睐。产品、品牌及企业符号是视频中被植入的主要广告物，其中，产品植入物有名称、标识、包装等；品牌植入物有品牌故事、品牌名称、品牌价值等；企业符号植入物有企业文化、企业价值观、企业创始人、企业建筑物等。视频植入广告的形式多元化。

道具植入：植入物在视频内容中被当作某种道具。

台词植入：产品或品牌名称出现在视频内容的人物对话中。

场景植入：在视频内容中为产品或品牌设置专属的表现场景。

音效植入：以歌词、广播、旋律等方式引导观众想起产品或品牌。

剧情植入：视频内容中含有购买产品或与企业相关的剧情。

题材植入：为产品或品牌制作电影、电视剧，讲述产品制作流程，企业创始人的创业故事等。

文化植入；在视频内容中不直接描述产品或品牌，而是介绍企业文化、品牌主张等，利用文化渗透对目标群体施加影响。

在新媒体视频植入广告中，企业为了确保最终达成预期的营销效果，通常会采用多种植入方式相结合的方式，从更多的维度影响消费决策、扩大品牌影响力等。

国内运动品牌贵人鸟，通过制作原创网剧《天生运动狂》，为企业产品及品牌进行推广的案例值得我们借鉴。该网剧综合运用了道具、台词、场景、文化、品牌理念等诸多植入形式，在为观众带来视听享受的同时，达到了良好的营销效果。

（2）游戏植入广告

游戏植入广告的案例不计其数，这类广告将游戏玩家作为目标群体，在游戏的某个场景中将商品以适当的形式呈现在玩家面前。

由于视频是新媒体游戏的主要呈现形式，所以游戏植入广告的植入广告物、植入方式和视频植入广告的重合度较高，但游戏在参与感、体验感、交互性等方面的优势，为游戏植入广告的植入方式提供了更为多元的选择。市场中的游戏植入广告，主要包括以下两个类型。

第一种，常规植入

常规植入也被称为品牌植入，品牌是主要的植入内容，提高品牌辨识度、推广品牌价值及品牌文化是主要的营销目标。

在游戏世界中,玩家通常会保持较高的专注度,此时,将企业品牌呈现在游戏中,有助于强化玩家对品牌的认知,使品牌在玩家群体中留下深刻印象。

在网络游戏中,品牌通常以文字、图片、音频、视频等形式出现,不同的形式对应不同的应用场景。根据品牌承载媒介的差异,网络游戏广告可以被分为以下4种。

游戏环境品牌广告。品牌以静态的方式被植入画面背景、人物服装、游戏商店装饰等游戏环境中。典型代表就是匡威运动品牌在《劲舞团》《劲乐团》《超级舞者》3款音乐题材的网络游戏中将品牌植入到人物服装中。

游戏道具广告。品牌商品作为游戏道具而被玩家使用,例如,可口可乐在《魔兽世界》中成为提升角色体力的药水;绿盛食品的QQ能量枣化身为《大唐风云》中的能量补充剂;耐克运动鞋在《街头篮球》中成为游戏道具"耐克战靴";运动品牌李宁在网易的经典网游《梦幻西游》中,被作为临时强化武器的道具,等等。

游戏内置音频及视频广告。品牌被加入游戏的主题曲、登录页面背景音乐、宣传动画等内容中,如《完美世界》中的完美主题曲、《传奇世界》的传世电台推广活动等。

关卡情节广告。品牌内容被植入到网络游戏的关卡或情节中,玩家在玩游戏的同时,能够被品牌施加影响,从而在心中对品牌留下深刻印象，如《灵游记》推出的"icoke 积分兑换能量大征集，同周笔畅'畅爽'《灵游记》"的限时任务等。

第二种，品牌广告游戏

品牌广告游戏的特色在于通过游戏的表现方式向目标群体传递品牌信息。这类游戏是专门为品牌推广而设计的游戏，由于成本等因素，主要以休闲小游戏为主，玩家在体验游戏时，可以加强对品牌的认识，了解品牌文化、品牌价值等。

麦当劳为了宣传其品牌文化推出了休闲小游戏《模拟麦当劳》，通过原料加工、产品加工、服务顾客、财务预算等诸多环节传播其品牌文化。汉堡王也推出了品牌广告游戏，而且有两种游戏题材，分别为竞技类《汉堡王：单手车》、动作类《汉堡王：碰碰车》及《汉堡王：鬼祟王》。由于汉堡王在这些品牌广告游戏上投入了大量资源与精力，画面精美、可操作性较强，并且通过 X360 及 Xbox 平台发售，获得了游戏玩家的一致好评。

品牌整合虚拟及现实资源，通过线上线下相结合的方式，为游戏玩家打造全新的体验环境，从而实现对品牌的营销推广。比较常用的营销方式是企业在网络游戏中打造和线下类似的场景，通过人物、道具、音乐、背景等让玩家在游戏世界中感知品牌信息。当然，有的企业会反其道而行之，在线下打造虚拟的游戏场景，例如，可口可乐和《魔兽世界》运营商，曾经在杭州黄龙体育馆为玩家打造了一个以"可口可乐魔兽世界夏日嘉年华"为主题的"真实"的魔兽世界。

6.2.3　新媒体环境下的广告业变革

在新媒体应用及发展过程中，最为关键的两点是融合与创新。其中，**融合主要指内容资源及技术手段方面的融合；创新则以融合为前提，不仅如此，创新能够驱动新媒体的发展，使其呈现旺盛的生命力。**

新媒体的迅猛发展，给广告业态带来了巨大的影响，使传统广告行业的发展面临挑战。以电视媒体为例，在传统媒体时代，电视媒体传播占据主导地位，当网络媒体快速崛起并与其展开市场竞争时，电视媒体排斥网络媒体的应用。目前，在新媒体蓬勃发展的背景下，不少传统广告企业依然裹足不前。固执保守的态度没有使其摆脱发展困境，而是使传统广告业进一步丧失了市场竞争力。在这种情况下，传统行业不仅要应对与公关行业的竞争，还要与新媒体平台及相关企业展开激烈的市场争夺，但分身乏术，无法扭转局面。

随着各类新媒体平台的崛起，用户的注意力越来越分散，用户生成内容（User Generated Content，UGC）也得到迅速发展，这些因素增加了广告传播的难度。在这种情况下，新媒体广告公司要提高营销针对性，就要对受众群体进行精细划分。

如今，已经有一部分新媒体广告公司，在大数据应用的基础上，有效提高了营销针对性，但并未真正实现精准化营销。之所以会出现这样的问题，主要是因为媒体平台统计的用户个人信息无法保证其真实性，大数据在传播领域的应用仍有待发展。从广告行业发展的角度对用户原创内容进行分析，这种内容生产方式能够有效吸引用户参与到信息传播当中，但如果在传播过程中出现问题，产生不利于广告主的信息内容，则会带来严重的负面影响，导致目标受众对企业产品及品牌的认可度降低。

新媒体对广告行业的影响还体现在改变了其传统的利益分配方式。在新媒体时代尚未到来时，就有很多网络广告公司无法平衡广告主收益与自身收费之间的关系，而新媒体传播使这些企业面临更多的问题。以微博上的广告为例，由于微博平台的信息更新速度非常快，广告投放之后若得不到目标受众的关注，则无法达到推广目的。在这种情况下，广告公司应该选择合理的收费方式，对包括信息阅读量、广告主收益、信息发布频次等在内的各类收费标准进行考量。为了适应新媒体给广告行业带来的改变，使自身发展更加适应新的市场环境，企业应该建立合理而成熟的利益分配机制。

新媒体环境中的广告业变革，如图 6-5 所示。

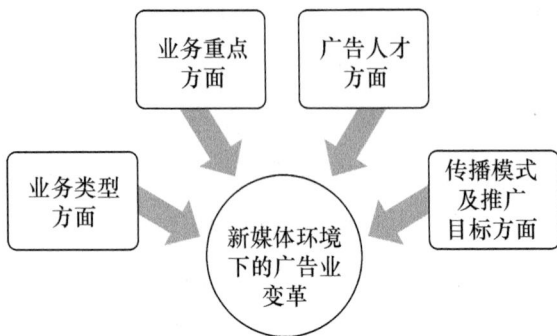

图 6-5　新媒体环境下的广告业变革

◆ 变革 1：业务类型方面

在传统媒体时代，包括初期发展阶段的信息刊登、促销信息的发布，以及品牌打造及品牌推广在内的各类营销活动，都是以信息传播为核心展开的。利用新媒体开展营销同样是在扩散信息，但广告公司在通过新媒体提供服务的过程中，首先做的是打造平台，接下来是设计与选择方案，与此同时，广告公司需承担传播过程中各个环节的工作，并且要对营销效果进行科学评估，根据最终的效果收取相应的费用。可以看出，新媒体的应用拓展了广告行业的业务范围。

◆ 变革 2：业务重点方面

利用新媒体进行营销推广，能够在短时间内实现信息的大范围传播，提高整体的传播效率，快速达到传播效果。很多广告主看好新媒体的收效快。广告公司利用新媒体开展的营销活动，聚焦于信息发布之后对用户的吸引力及用户留存率。

新媒体技术的应用降低了信息传播的复杂性，大幅增加了广告本身承载的信息量，加快了新媒体平台上的信息更新速度，在这方面，微博的表现更加明显。对广告主而言，他们希望通过新媒体传播实现用户数量的增加、扩大自身品牌的影响力并获得更多的收益，这在广告信息更新快速的情况下难以实现。所以，身处这种大背景之下的广告公司不仅要传播信息，还要在此基础上提高信息热度，持续保持观众的活跃度，从而达到推广目的。

◆ 变革 3：广告人才方面

在传统媒体时代，广告公司在招聘人才时，会重点考察其沟通能力及创意。在新媒体时代，技术条件、传播方式、价值理念等发生了改变，从业者需要具备足够的创新思维能力。随着新媒体的普遍应用，很多人选择借助媒体平台沟通互动，企业借助媒体平台传播信息时，要为用户呈现绝佳的创意。

不过，在媒体信息传播中，仍然以大众化创意的呈现为主导，这是因为在现阶段，首先要实现信息的传播，其次才应该关心信息的具体内容。所以，在新媒体环境中，广告行业更加看重营销者的新媒体思维能力，要求从业者了解新媒体语境，能够及时洞察社会热点，并对内容进行创新。也可以说，新媒体人才既要具备编辑能力，又要懂得策划方案，还要对新事物保持热情，能够积极投身于内容的挖掘。

◆ **变革4：传播模式及推广目标方面**

传统模式下的广告传播，聚焦于传播方式的选择。通常情况下，广告公司为了提高广告主的知名度，会为其提供优秀的广告创意及营销策略，并通过媒体平台投放广告。随着新媒体时代的到来，传播信息的难度大大降低，广告公司更加侧重于促使用户自发传播。为做到这个点，不仅要提供优秀的广告创意，还要把握目标受众的心理状态，选择符合其偏好、容易吸引其关注的话题。

现阶段，在广告主的信息传播中，新媒体广告传播尚未占据主导地位，随着技术的发展，移动终端在信息传播方面受到的限制将不断减少，越来越多的用户选择通过移动互联网平台获取信息，在此趋势下，广告主也会提高对新媒体广告的重视程度并加大对该领域的投资。

6.2.4　新媒体时代的广告营销策略

在数字化新媒体时代，品牌营销人员需要从广告预算、媒体投放、广告内容和广告效果等多个维度出发，制定最佳的广告营销策略。

◆ **广告预算策略：科学预算，多腿走路**

新媒体的冲击使越来越多的品牌开始转变广告投放模式。从广告主的角度来看，最好能够以最小的投入获得最大的广告传播效果，这就需要建立一套科学合理的广告效果评估体系。

一方面，广告主应全面收集消费者在不同媒体平台中的消费行为数据，建立同源数据库，进而利用大数据技术全面了解目标受众的媒体接触习惯，实现对消费者的洞察和精准画像；另一方面，在制定广告预算策略时，广告主应综合考虑自身财力状况、目标产品与客户特质、投资预算、竞争对手投放水平、之前的媒体广告投放效果等各种因素，实现科学预算。

在新媒体时代，各种创新型媒体层出不穷，为广告投放提供了更加丰富多元的选择。这个背景下，如何基于新媒体特质选择最佳的广告投放渠道、有效吸引并留住更多受众，成为广告主需要慎重考虑的问题。

对此，广告主应突破单一媒体投放的思维局限，围绕品牌特质、广告预算、目标受众需求等多种因素进行跨媒体、跨屏幕的多屏互动整合营销，通过"多条腿"走路覆盖更广泛的受众，实现多元化的品牌传播，获取更优的广告效果。

◆ **广告媒体策略：喜新不厌旧**

从广告传播的角度来看，新媒体的核心价值主要体现在：

通过细分受众实现精准营销，从而最大限度地节约广告费用。由此，新媒体受到越来越多广告主的青睐，逐渐成为广告媒体投放的主要"阵地"。

在当前的国内媒介生态环境中，虽然新媒体发展迅猛，但传统媒体依然有话语权，特别是新闻话语权，且在传媒人才资源、内容资源等方面具有优势。同时，面对新媒体的冲击，传统媒体也在积极地进行创新变革，不断探索更有效的传播模式和经营路径。

新媒体虽然会与传统媒体争夺目标受众和广告市场份额，但两者不是"零和博弈"的竞争关系，而是在竞争中不断联动融合，通过优势互补为用户创造更好的体验，实现广告传播效果的最大化。

新媒体的兴起使广告营销面临更复杂的媒体环境，但也为多屏互动整合营销提供了契机。对此，广告主应根据自身状况和目标受众需求，有机整合新旧媒体渠道，采取灵活、多元的广告投放策略，从而获得更好的传播效果。

◆ 广告信息策略：内容为王，软化隐性

在信息极度过剩并快速更新的数字媒体时代，传统的硬广告越来越无法有效吸引受众，更能吸引他们的是那些可以提供独特内容价值的软广告。因此，广告主或品牌营销人员应充分把握"内容为王"时代，消费者对内容质量的更高要求，

改变以往硬性推送产品信息的广告方式，将产品或品牌信息合理嵌入受众感兴趣的软文中，使消费者在潜移默化中接受并认可品牌广告信息。

软文宣传的广告信息策略对专业性较强的领域更有价值，可以在向消费者分享有价值的内容的过程中，使他们潜移默化地建立起对产品的认可和信任。

> 以脑白金为例，保健品的专业性较强，多数消费者并不了解保健品的众多专业名词和概念，因而对产品本身的功能存疑。针对这种情况，脑白金在初期开拓市场时，采取的一个关键策略是通过《美国人睡得香，中国人咋办》《人体内有只"钟"》《夏天贪睡的张学良》《宇航员如何睡觉》《人不睡觉只能活五天》等科普性软文吸引受众，将与脑白金产品的相关信息合理融入这些科普文章中，以此增强消费者的认可和信任。

除了软文宣传，隐性广告或植入式广告也是吸引受众的有效方式，如当前在很多电视剧或电影中，男主角打电话时出现的华为等智能手机品牌 LOGO 的特写镜头。此外，在"以消费者为中心"的体验经济时代，充分满足用户更高层次参与互动诉求的事件营销、互动营销等创新型广告营销模式，也越来越受到各方追捧。

◆ 效果传播策略：重视第二传播，寻找舆论领袖

互联网消费社会中，人们的行为习惯、消费心理、消费特质和偏好等发生了诸多变化。例如，以往人们的消费行为大多是对价格敏感的、感性冲动的；而收入水平的不断提高和频频曝光的产品质量问题，促使消费者越来越趋于理性消费，他们注重性价比和产品品质，与品牌或商家推送的广告信息相比，消费者更相信熟人或朋友分享的产品或服务体验。

在新媒体环境中，消费者的巨大变化，要求广告营销全面洞察消费者，实现用户精准画像，然后从目标受众体验出发制定最佳的广告营销策略，高度重视"第二传播"和 KOL（Key Opinion Loaden，关键意见领袖）在品牌营销中的重要作用。

"第二传播"是相对于"第一传播"而言的，后者是广告主或品牌营销人员将相关产品信息推送给目标受众，实现广告的分发；**"第二传播"则是目标受众获取并认可产品或品牌信息后，将这些内容主动分享传播给更多人的广告信息扩散过程，既为受众带来了更高层次的参与互动体验，也为品牌创造了口碑效益。**

在"第二传播"中，KOL 对产品实际销售以及品牌形象的塑造扩散具有关键作用。KOL 不仅拥有众多粉丝，还能引导和影响粉丝的产品选择与消费决策。因此，在进行广告营销时，广告主、营销人员应努力寻找与产品或品牌特质相符的关键意见领袖，借助意见领袖巨大的号召力和影响力，实现广告信息的"第二传播"，促成更多购买行为，提高广告到达率和销售转化率。

6.2.5 新媒体广告市场的发展趋势

随着互联网、移动互联网的发展成熟，微博、微信等各类新媒体不断涌现并迅速普及，对传统的媒体广告环境、市场需求、传播模式等带来了颠覆性变革。那么，在数字化新媒体时代，广告主应采取何种广告营销策略应对新媒体环境和市场需求的挑战呢？在新媒体的冲击下，广告市场呈现以下变化。

◆ 新媒体的蛋糕越来越大

随着互联网全面渗透社会生产生活的各个方面，能充分体现用户主体性、满足受众参与互动诉求的新媒体广告持续保持强劲的发展态势，市场规模不断增长。例如，2013年我国就已超越美国成为全球最大的智能手机使用国，再加上移动互联网的发展成熟，推动了我国全面进入4G时代。

从媒体广告传播的角度来看，与报纸、广播相比，智能手机的信息呈现方式更丰富生动；与电视、电脑相比，智能手机则具有便携性和普及性的优势。因此，4G智能手机成为广告投放的重要场所，并对以往的媒介格局、广告技术、传播路径等产生颠覆性变革，为品牌广告营销带来了新的市场机会和想象空间。

◆ 新媒体与传统媒体在竞争中走向合作

当前来看，新媒体持续保持强劲的发展态势，不断抢占更多受众；而报纸、广播、电视等传统媒体则发展疲软，甚至陷入困境。不过，新旧媒体之间虽有竞争，但并非一种"你死我活"的零和博弈关系，而是各有优势和独特价值：传统媒体具有专业性和内容资源优势，新媒体则在渠道资源、用户互动性等方面有独特的价值。这使新媒体与传统媒体的合作联动具有了可能。

当前来看，新旧媒体的合作方式大致包括以下 3 种。

（1）新媒体渠道，旧媒体内容

主要是将传统媒体中的内容通过新媒体渠道呈现给受众，如《广州日报》推出的《手机炫报》，《北京青年报》推出的《彩信报》，新华社将旗下的《新华每日电讯》《中国证券报》《半月谈》等传统报刊中的内容筛选并整合到《新华手机报》中等。

（2）新媒体助力传统媒体

最经典的案例是 10 年之前湖南卫视的《超级女声》选秀节目，观众可通过手机短信、QQ 等方式为自己喜欢的选手投票，从而借助新媒体的参与互动优势打造出一个现象级的电视节目。

（3）新旧媒体合作打造新媒体

例如，腾讯与《重庆日报》报业集团联合打造的重庆城市生活第一门户网站大渝网，已成为重庆民众获取本地新闻资讯和生活信息的有效媒体平台；《解放日报》报业集团联手IMOOK摩客网推出的国内第一份免费互动多媒体报纸《摩客时报》，也受到众多都市白领的青睐。

◆ **传播模式由"中心扩散"到"多点互动"，受众消费心理改变**

在互联网数字化媒体时代，受众的主体性价值越来越凸显，他们不再是被动的信息接收者，而是主动参与到内容生产传播过程，充分表达自我诉求，获得更高层次的价值体验。

由此，广告传播模式也从"中心扩散"变为"多点互动"，以往被动接收信息的受众变为品牌信息传播扩散的重要力量，互动营销、口碑营销等创新广告营销模式越来越受到广告主的关注和青睐。

新媒体的崛起以及新旧媒体的联动融合，既为人们带来了全新的社会生产方式，又对受众的消费心理产生了变革重塑。在新媒体环境中，注意力碎片化、需求波动化、内容饱和化，单一媒体平台越来越难以长久黏住受众，广告营销人员只有有机整合不同媒体的资源，实现跨媒体、跨屏幕、跨网的互动整合营销，才能获得更好的广告传播效果。

第 **7** 章

"互联网 +"时代
户外广告的发展策略

7.1 "互联网 +" 时代的户外广告发展

7.1.1 国内户外广告的现状及问题

新媒体崛起后，人们对信息的内容、表现形式、互动性、阅读体验等有着更高的要求，这为企业的广告营销尤其是户外广告带来了诸多挑战。从用户需求来看，人们如今更愿意接受有较强的视觉冲击力、参与感及优质阅读体验的信息。

随着时代的发展，户外广告在人类社会中扮演的角色也在逐渐发生改变，和传统媒体环境、传统互联网媒体环境相比，其所处的新媒体环境有着明显差异。在分析户外广告的发展状况及创新策略前，我们首先需要了解新媒体以及户外广告的概念。

（1）新媒体

新媒体的概念最早可以追溯到 1967 年 CBS（Columbia Broadcasting System，哥伦比亚广播电视）的一位技术人员制作的商品开发计划中。在新媒体初级发展阶段，它更多被视为新的传播媒介，当时，电子录像就是典型的新媒体。科学技术的快速发展催生出越来越多的媒体业态，新媒体的范畴得到了极大的拓展。

新媒体的"新"主要体现在传播技术、传播方式及传播媒介3个方面，目前学术界对新媒体的概念并没有达成一致。在联合国教科文组织中，新媒体被定义为"以数字技术为基础，以网络为载体进行信息传播的媒介。"

（2）**户外广告**

传统的户外广告是指在户外场所中利用户外媒介，在一定时间内持续为大众提供视觉信息的广告形式。如今，户外广告已经成为城市中的重要组成部分，其范围也得到了进一步拓展，超市、地铁站、室内体育馆等场景中也存在大量的户外广告，也就是说，如今的户外广告已经演变为室内外广告。

户外广告在我国的发展时间虽然相对较短，但其发展速度非常快。路牌、公交车身、霓虹灯、电子显示屏等户外媒体是户外广告发展初期的典型户外广告方式。此外，还有以运载火箭为媒介的户外广告，典型代表是四川成都恩威集团在长征二号捆绑火箭"澳星B3"上投放的广告。

整体来看，进入21世纪后，我国的户外广告迎来快速发展阶段，尤其是照明技术及电脑喷画技术的商业化应用，使电子广告牌在国内户外广告市场中得到大规模推广。近几年，LED技术以及户外电视的普及，使户外广告的视觉冲击力得到进一步提升，在确保营销效果的同时，起到了美化城市的作用。

虽然我国的户外广告产业保持快速发展，也出现了分众传媒这种颇具开拓精神的企业，但其发展水平和海外发达国家相比仍有一定的差距。具体而言，国内户外广告的问题集中体现在以下 3 个方面。

（1）传播形式单一

在新媒体环境下，迫于互联网广告、移动广告、数字广告等其他广告方式的冲击，国内户外广告从业者也在积极进行创新，但创新的焦点主要集中在技术方面，当技术逐渐得到推广普及后，便很难吸引消费者。

在 LED 户外广告显示屏泛滥的城市中，消费者对其关注度越来越低。随着 LED 显示屏的生产成本越来越低，其在城市中的数量会大幅度增长，如果户外广告从业者不在传播形式方面进行创新，整个户外广告市场很容易陷入同质竞争与价格战泛滥的不利局面。

（2）广告内容缺乏新意

我国的户外广告内容主要是商品信息，枯燥乏味，很容易让人们产生抵触心理。而英国、法国的户外广告强调创意，能够让消费者产生强烈的情感波动，更有趣味性，一些为产品及品牌设计的夸张的卡通人物，甚至会吸引很多消费者拍照留念。

（3）环境融合性较差

商超、广场、公交站、地铁站等是国内户外广告比较集中的地区，然而随着城市建设进程的日渐加快，这些户外广告和城市环境不再协调，破坏了城市形象。在情感需求得到人们高度重视的背景下，如何让户外广告更好地融入环境，是从业者需要思考的重要问题。

现实中，人们对那些和环境融为一体的户外广告往往有着深刻的印象，在部分城市，户外广告甚至已经成为一种城市文化，给人们创造了良好的生活及工作环境。户外广告和环境保持协调，也是彰显城市现代化发展水平的重要标志。

7.1.2 互联网时代的户外广告特点

近年来，在互联网的冲击下，传统媒体广告的发展形势普遍不好，唯一的例外就是户外广告。户外广告是传统广告形式之一，在传统广告普遍遇冷的形势下，户外广告却被权威数据调查机构认为是"21 世纪最具成长性与发展潜力的优质媒体"。

随着经济迅猛发展及城市化进程越来越快，人们外出旅游时间与休闲时间越来越多，在这种情况下，越来越多的广告主将户外广告视为重点投放的广告形式。

随着"互联网 +"战略与创新驱动发展战略的提出，户外广告实现了迅猛发展。简单来说，互联网思维就是站在互联网的视角上对市场、用户、产品等重新思考，使其更具活力。互联网思维对户外广告产生了诸多影响，这些影响有诸多表现，例如，使用各种网络词汇创造户外广告的内容；在表现形式上将户外广告与互联网结合在一起；更倾向于选择互联网企业作为广告主，等等。

从 2015 年 12 月开始，上海地铁有 16 条线路实现了 Wi-Fi 信号的全覆盖，地铁上的乘客只需链接"花生地铁 Wi-Fi"，下载"地铁 Wi-Fi"App，点击"登录"就能在乘坐地铁期间免费使用 Wi-Fi，为用户打破流量约束、随时随地上网提供了极大的便利，同时也使户外广告的传播策略发生了新变化。

在"双 11"期间，天猫在地铁张贴了含有二维码的平面广告，乘客可连接"地铁 Wi-Fi"，使用手机扫描二维码登录天猫的活动页面，浏览并购买心仪的商品。

借助创新思维，传统的户外广告与新媒体广告形式相结合，再加上新技术的应用，呈现出很多新型的表现形式，使户外广告的传播效果得以大幅提升。其中，户外广告与互动技术结合催生了一种全新的广告形式——互动广告。现如今，这类广告被广泛用在了户外媒体的传播中。除互动技术之外，不断发展的投影技术也为户外广告提供了一种全新的表现形式。

互联网是互动广告应用范围最广的媒介载体，视觉形式、互动形式、有声语音是互联网广告传播的重要途径。对互动广告来说，互动形式是灵魂，也是其与平面广告、视频广告区分的关键要素。广告内容的好坏取决于互动形式中视听元素的出场顺序，与传统广告相比，互动广告在这方面的创新力更强。

2016 年 1 月，波兰流感盛行，流感药 Theraflu 与广告公司 Saatchi&Saatchi's Interactive 合作制作了一个数字互动广告牌，该广告牌安装了实时热感摄像头，能准确测量用户体温，及时发现发热的用户。该广告一经投放就吸引了大量用户前来观看、体验，用户在体验的过程中对户外广告有了全新的感受，同时也对流感药 Theraflu 释放的人文情怀有了真切的体会，从而缩短了用户与广告品牌之间的距离。

除互动广告之外，利用光学原理形成的投影广告也是传统广告的一大表现形式。投影广告指的是利用投影原理，使用高亮度的光源将广告内容投射到墙体或地面上，在夜间形成视觉冲击效果极佳的户外广告。与传统的户外广告相比，投影广告更安全、环保，不会对场地环境、总体规划产生不良影响，抗风性极强，还能产生动画效果，吸引人们的注意力，广告效果极好。

三星 Galaxy S6 edge+ 的一则手机广告就使用了投影技术，米兰和平门两块相对而立的大型广告牌展示着三星 Galaxy S6 edge+ 这款手机，天黑之后，这两块广告牌就变成了两块巨大的拟真投影，手机成了米兰和平门的大外框，和平门就在手机屏幕之中，将这款手机摄像头超高画质的特点展现得淋漓尽致。

7.1.3 互联网户外广告的发展趋势

互联网户外广告的发展趋势如图 7-1 所示。

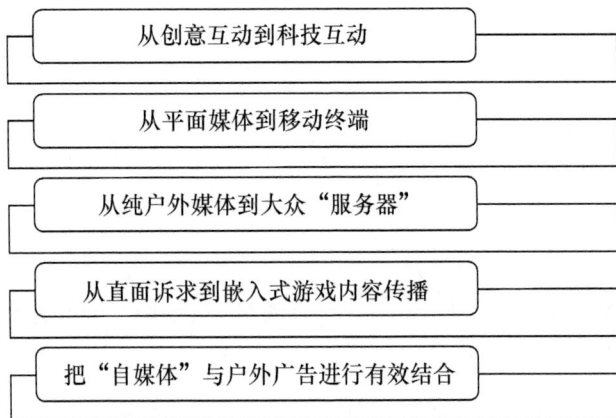

从创意互动到科技互动

从平面媒体到移动终端

从纯户外媒体到大众"服务器"

从直面诉求到嵌入式游戏内容传播

把"自媒体"与户外广告进行有效结合

图 7-1　互联网户外广告的发展趋势

◆ 从创意互动到科技互动

在早期，户外广告的盈利模式主要是"卖位置"；后来，户外广告凭借创意形成了竞争力；现如今，户外广告则进入了创意表现阶段。无论广告创意的情景化、环境化做到何种地步，都只是在其中增加了一部分互动因素，尚未完全实现互动化，其主要原因在于户外广告的材质没有发生变化。只有这个部分发生了变化，才能实现全面互动。

利用科技创新，在户外媒体展示方面引入 LED 等活彩技术，将广告效果在最大限度上表现出来。利用互联网技术，将客户线上、线下信息连接在一起，做到随时变化、随时掌握。利用物联网技术，将户外显示屏变成互联网网页，将客户的产品信息或品牌信息显示出来，同时还能让受众直接参与互动，真正实现互联网化。

创意互动是一个长期的过程，需要策略、技术、环境等因素相互配合才能实现。对户外广告来说，科技互动才是其发展的终极目标。

◆ 从平面媒体到移动终端

户外广告多以平面静止的形态呈现，即便引入了最新的冷光源材料显示播放技术，其呈现状态依然是一个准视频或准电视。如果将户外多个静态的展示屏变成一个移动终端或联播动画，就能使其互动性与共享价值得以大幅提升。这样一来，虽然从外在形态上看，户外广告没有发生多大的改变，但其核心介质已完全改变，形成了一个能实现互动与共享的、全新的媒介空间。

一种互联网终端形象能实现互动与共享，这种形象既不是手机也不是平板电脑，而是户外广告，对于广告主来说，这简直是一大惊喜。

从目前的发展趋势来看，未来，以关系为基础，在应用驱动下建立起来的移动互联网将转变为智慧化网络。现如今，户外广告的互联网化变革只能从移动化起步，未来必将构建智慧化格局。所以，相关行业的从业者必须紧抓这个机遇，实现跨越式发展。

◆ 从纯户外媒体到大众"服务器"

在移动互联网的作用下，线上生活延伸到了方方面面，户外广告的商业资源越来越细分，连厕所资源都没放过，在这种情况下，户外广告哪里还有空间可挖掘呢？但是，公共需求服务还有很大的空间可用，尤其是随着数字化、多媒体、网络化需求日渐强烈。如果某个户外媒体在公交站或地铁站等位置建设数字充电站，为用户提供手机充电、上网等综合性服务及泡面、开水等实际性服务，这个充电站就会变成一个黏度非常强的大众服务器。

这些措施所产生的结果完全能想象出来，它使传统的户外广告思维（利用传统聚集点加插广告牌或优化广告牌）彻底转变，从公共需求出发构建了一个全新的数字化服务器媒体，为大众生活工作难题的解决提供便利。这种媒体形态是多向性人群的共有需求，仿佛一个拥有多种服务内容的商场，人流可长期维持在一个水准上，让媒体变成互联网服务器桌面。

◆ 从直面诉求到嵌入式游戏内容传播

很多户外媒体是直面诉求，即便能做出新的创意，也只是一种极尽真实的情景化再现，除了能引起受众的惊讶之外，再无其他作用。更何况，在各种广告节的作用下，这种手段已被推向了极致。

互联网的发展开启了一个"应用为王"的时代，好玩、有趣的应用备受人们追捧。在互联网时代，新产品层出不穷，几乎每个新产品都能吸引一部分注意力，传统的线下媒体早已失去了这种能力。

例如，微博让很多用户产生了表达自己的欲望，无论是开心还是失落，用户都可以通过微博表达自己当下的心情。当然，在微博平台，用户也可以实时点评，可发布广告，可做电商，可以寻人，也可以做直播……微博之所以能吸引不同年龄、不同性别的用户，关键原因就在于微博非常方便，能实现互动与分享。

户外广告部分产品可与微博互动，如商场或闹市区的屏幕等，让广告、商品促销信息、品牌打折信息被迅速发送到用户手机上，形成微博内容，构建无限极式的传播格局。事实上，与手机联系就是与互联网融合。在这种情况下，用户广告就呈现了一种嵌入式状态，改变了原先的直面诉求，受众可在消费过程中接收广告信息及产品信息。

◆ 把"自媒体"与户外广告进行有效结合

在互联网时代，"自媒体"有任何一种新媒体都无法抗衡的强黏度。在客户投放策略中，户外广告不是以黏性取胜，而是与其他媒体结合形成了补充告知作用。因为户外媒体的冲击力较强，所以它可以和自然环境结合在一起形成一种暂时的城市景观，吸引更多注意力，成为一种备受追捧与关注的新闻源。对户外媒体来说，创造新闻源是其融入互联网、与自媒体实现有效结合的一个重要手段。

从补充到告知，再到新闻源，户外广告资源进入微博空间，乃至 QQ 空间等新环境，报纸、广播、电视、微博、新媒体、论坛等传播渠道可以实现一键沟通。在这种情况下，广告主发布的产品信息能实现广泛传播，为世界各地的受众知晓，这样，主要的纸媒就会针对这个事件做专题报道，届时，广告主的产品信息就会被写入历史，成为经典。

7.1.4 基于 AIAES 模式的户外广告

◆ 移动互联网时代，消费者户外广告的接触动机趋于情感化

从传播学的角度分析，用户进行媒介接触通常是为了达到

以下目的：通过信息接收学习文化、娱乐消遣、获取信息、满足精神需求、满足社交需求等。在传统媒体时代下，信息触达是户外广告的营销目的，传播者与受众之间的信息传达是单向的，受众处于被动地位，消费者通常是为了获得更多信息而留意户外广告，群体化需求比较突出。

在互联网及移动互联网迅速发展的今天，各类媒体纷纷崛起，消费者对信息的获取从被动变为主动，信息供应渠道也明显增多。人们会为了娱乐消遣了解更多的信息而发起讨论，或者满足自身心理需求而主动获取户外广告的信息，社交性因素的地位将得到提升，在这种情况下，人们在广告的传播过程中，会聚焦于自身的情感体验，并希望将其准确无误地传递给其他人。因此，户外广告在制定创意方案时，需更加关注受众的情感体验。

◆ 广告传播模式的演变并未清晰描述消费者"分享（Share）"的内因

美国知名广告学家 E. S. 刘易斯于 19 世纪 90 年代末提出 AIDMA 营销法则，总结出消费者在接受广告信息后的反应过程：**第一阶段是注意（Attention），第二阶段是对信息产生兴趣（Interest），第三阶段是欲望（Desire）得到激发，第四阶段是留下记忆（Memory），最后是做出行为反应（Action），即消费。**

在传统媒体时代，上述 5 个阶段能够对户外广告的信息推广过程进行较为全面的概括。在这个过程中，广告主围绕特定媒介，将信息传达给目标消费者，受众只能接收信息，无法通过有效渠道进行反馈，且多数人并没有反馈意识。

进入互联网时代后，用户不仅可通过搜索引擎及个人媒体查询信息，还能够参与到信息传播过程中。日本的广告与传播集团——电通集团提出了 AISAS 营销法则，将广告传播及及其对消费者的影响过程分为 5 个阶段：**第一阶段是注意（Attention），第二阶段是对信息产生兴趣（Interest），第三阶段是搜索信息（Search），第四阶段是做出行为反应（Action），最后是分享信息（Share）。**

这种营销法则关注到消费者会被广告吸引，在产生信息内容后，会搜索信息，并分享，不过，此时消费者的反馈比较分散，是通过链接方式进行的，商品仍然占据主导地位，而互联网在这个过程中起到重要的支撑作用。

这个时期还没有实现户外广告与网络间的有效结合，不过已经有一部分消费者在接触户外广告之后会搜索信息（Search），但户外广告的信息传播过程仍体现为 AIDMA 模式。与此不同的是，随着互联网的升级及移动互联网的发展，传播生态发生了彻底的变化，在数字时代下，用户之间及用户与企业之间能够通过用户关系网络与 LBS 即时互动。

面对新的营销生态，互联网数据中心（位置服务）提出

SICAS 营销法则，总结了企业品牌对用户的影响过程：**第一，是品牌与用户相互感知（Sense）；第二，引发用户的兴趣，进行互动（Interest & Interactive）；第三，用户与品牌之间进行沟通与连接（Connect & Communication）；第四，用户会购买（Action）；第五，用户将自己的消费体验进行分享（Share）。**

这种模式的缺点：一方面，主要聚焦于互联网平台的传播，无法对线下营销进行详细的解读；另一方面，在促使消费者购买到分享消费体验这个环节，并未充分体现内部诱因的重要性。**户外广告是一种传统硬广告，以广告主为主导，其营销过程中第一步要做的就是吸引用户关注，使其产生兴趣。**营销中融入的互动化元素能够有效提高用户参与的积极性，并使其自发地传播与分享信息，不过，很多用户更加注重体验过程而不是消费本身，再者，在分享环节，情感因素发挥着关键性作用，但该模式并未体现出情感因素的重要性。

◆ **户外广告新特性与消费者心理行为元素的融合和重组**

就像上文中提到的，在移动互联网时代，户外广告承袭了传统媒体广告的特性，同时在先进技术带来的影响下实现了与互动化、智能化元素的结合，也正因如此，现阶段下的户外广告才明显区别于以往的广告形式。

广告主投放户外广告之后，希望在推广信息中融入优秀的广告创意，引起消费者的兴趣使其参与到活动中。对消费者而言，不管是什么样的信息内容、传播环境，只有吸引其目光，才能有之后的体验及互动。

受到社会化媒体环境的影响，许多消费者在参与互动之后都会选择分享信息。促使消费者消费及体验产品，并利用网络媒体、社交平台等自发地推广产品及品牌，也是户外广告营销的目的。

情感是户外广告影响消费者的重要因素，这种心理因素的作用在消费者购物到分享的过程中表现得尤为突出，能否从情感方面打动用户，在很大程度上决定了消费者是否会分享信息，所以，这个过程中的情感因素是不应该被忽视的。

通过分析几种不同的广告传播模式，探讨户外广告的特征及其对受众行为反应的影响，综合考虑之后，对户外广告的传播及消费者的接受过程重新进行总结，突出情感因素在这个过程中发挥的作用，以 AIAES 模式来概括这个过程：**从吸引消费者注意（Attention），到消费者产生兴趣（Interest），到做出行为反应（Action），再到情感（Emotion）体验，最后是信息分享（Share）与传播。**

7.1.5 基于 AIAES 模式的投放策略

基于 AIAES 模式的投放策略如图 7-2 所示。

图 7-2 基于 AIAES 模式的投放策略

◆ **注意**

现如今，受众群体的注意力分布不再集中，与此同时，很多消费者在面对广告信息时会选择自动忽略。在这种情况下，户外广告固守传统的信息传播方式难以引起消费者的注意，但要实现推广目的就必须做到这个点。为此，户外广告要敢于突破传统思维，在传播过程中融入更多互动性元素，并注重与时空环境的呼应，为目标受众创造更多惊喜，从而吸引他们的注意。对消费者而言，只有那些能够满足其当下需求的广告信息，才能够激发他们获取信息的主动性，针对这种情况，应挖掘消费者的内在需求，通过打造互动网络平台，将线上线下的营销活动结合起来，从而调动消费者参与活动的积极性。

移动应用酷云 TV 能够实现电视与移动终端的即时互动。当观众收看娱乐相亲节目时，只要登录该应用，就能接收到节目中主持人、嘉宾的信息介绍，不仅如此，观众还可通过酷云 TV 与节目现场进行互动。如果观众猜中了男嘉宾青睐的女嘉宾，就能获得积分奖励，参与酷云 TV 推出的一系列积分兑奖活动，另外，观看广告的用户能够得到商家的优惠券或体验式赠品，使商家通过与用户进行趣味互动提升用户体验。

◆ 兴趣

广告的信息传播需引发目标消费者的兴趣，消费者的兴趣分为两种：一种是物质兴趣，一种是精神兴趣。如今，消费者能够通过多元化渠道查询信息，与此同时，人们也更加看重广告的精神兴趣。而需求是兴趣产生的前提，要使消费者主动关注广告信息并做出消费决策，就要确保传达的信息符合消费者的需求。

与其他广告形式相比，移动性减少了受众群体对户外广告的有效接触时间，而要提高广告信息的吸引力，就要使用户对信息产生兴趣。户外广告可以通过融入优秀的创意、提供符合目标受众文化心理的内容等方式使消费者产生兴趣。

可口可乐运用 AR 技术推出新年互动舞狮广告，首个站到大屏幕前的观众可以成为屏幕中的舞狮人，参与舞狮游戏，并将这份快乐分享给其他观众。作为流传已久的经典传统文化，舞狮游戏受到许多消费者的欢迎，这个广告活动吸引了大批用户的参与。

这类互动广告的操作难度较小，且创意十分精彩，通常能够吸引众多消费者的参与。从性质上说，户外广告是大众媒体广告的一种，负责将推广信息传达给消费者，如今，企业通过大数据技术，能够准确把握消费者的个人需求及偏好。其他企业不妨学习可口可乐，先在线上平台吸引消费者的关注，然后与户外营销相结合。应用先进技术，户外广告也可在把握消费者需求及偏好的基础上提高营销精确性。

◆ 行动

AIAES 模式中的行为反应（Action）既包括消费者的现场参与，又包括其消费行为。其中，现场参与又可分为两种：**一种是体验广告内容及广告形式，在很多活动现场，营销者会向体验者派发实物奖励；另一种是利用手机等移动终端产品，通过互动方式参与户外广告推出的活动。**

以麦当劳为例，该品牌在瑞典市区设置广告看板，附近的消费者可以用苹果手机登录麦当劳游戏网站，与街头看板玩挡球小游戏，通关者即可到附近麦当劳免费领取自己预先选择的小点心。

除此之外，消费者还可以通过扫描二维码参与，由于移动终端已具备支付功能，通过这种方式参与的消费者可能直接消费。广告本身能否引起消费者关注及能否使消费者产生兴趣，直接影响消费者参与的积极性，并促进其制定消费决策。在购物之后，消费者还会通过媒体平台分享自己的体验，在这个过程中，情感因素发挥着重要作用。

◆ 情感

在移动互联网高速发展的今天，消费者更加关注社交互动，他们的情感体验不仅产生于广告信息中包含的物质价值以及广告参与过程，还涉及更多领域。从消费者自身角度分析，广告的价值传达需与自身认识保持一致，能够为自己与他人的社交互动提供便利；从消费者交往的用户角度分析，广告信息需具备一定的意义，能够帮助企业更加深入地了解消费者，可引发更多的话题。

户外广告在向目标消费者传递信息的过程中，无论是吸引消费者关注、激发其兴趣，还是促使其做出行为反应，其中都涉及情感因素，消费者在体验过后，若对广告表示认同，就会产生正面情感，并做出进一步传播的行为反应，促进广告价值的提升。在移动互联网时代，用户通常会利用社交平台分享信息，扩大广告的传播范围，增强其营销效果。

◆ 分享

在新媒体时代，消费者由被动变为主动，他们渴望进行信息传播与自我表达，会在互动过程中分享信息。在这样的大环境下，消费者更倾向于通过社交媒体了解产品及品牌，也会通过社交平台将自己的真实体验分享给他人，若产品未达到其预期，消费者则会在社交平台上抱怨，由此可见，在品牌互动方面，分享占据重要地位。

通过移动互联网，品牌方与消费者能进行双向传播，消费者还能将自己参与广告的真实体验上传到社交媒体平台，进一步促进广告信息的推广，吸引更多目标受众。当消费者发布到社交网络的信息引来其他用户的注意后，就可能实现信息的再次传播，这个传播过程仍然遵循 AIAES 模式，该模式中的 5 个阶段依次连接，最终通过分享环节完成整个传播流程，在这个过程中，情感因素发挥着重要作用，户外广告及广告主应该把握消费者的情感需求及心理状态，据此推出符合市场需求的营销方案。

值得关注的是，无论是什么类型的广告信息，在传播过程中都受众多因素影响，户外广告也不例外，相关的内部因素、时空环境及网络渠道的品牌营销，都会对其传播产生影响。

受众的关注点与其兴趣及消费需求紧密相关。针对这个点，

户外广告应该借助大数据对消费者的需求进行挖掘，在把握自身品牌特征的基础上，推出符合消费者需求与偏好的创意方案，增加对目标受众的吸引力，提高其参与度。

户外广告是一种大众媒介，需扩大信息触达面，拓展其传播范围，所以，要分析受众群体的特征，据此选择位置，降低受众参与互动的难度，提高其娱乐性、趣味性。

随着移动互联网的高速发展，信息技术将进一步改变人们的日常生活，线下与线上推广手段的结合将更加紧密，企业需采取有效措施，使社交平台的营销与户外广告相互配合，实现用户体验的升级，提高自身品牌的影响力，促成二次传播。

7.2　互联网时代的户外广告投放策略

7.2.1　户外广告的数字化重构变革

作为一种静止的资源型媒体产品，户外广告一直通过占有一定的资源空间表现创意画面来盈利。从总体来看，户外广告就是采用被动式与干扰式的信息传播方式，通过不断重复与长期占据受众视线空间来获取生存价值。

在"传""播"一体化时代，传播资源越来越稀少，已成为一种稀缺资源。在这个时代，任何一种注意力资源都能长足地发展，传播需求与受播空间失衡，从而催生很多户外媒体。再加上受众越来越细分，户外媒体呈现出严重的碎片化特征。

在新的传播环境中，受众对待户外广告的常见态度是抵触、忽略。户外广告具有强大传播力的时代已成为过去。在信息快速流转时代，户外广告如果固守原地，其发展态势必将越来越差，唯有变革创新才能走上正途，实现持续发展。

"占个位置就是媒体"的媒体稀缺时代已成为过去，只有改变原媒体介质才能实现可持续发展的媒体泛滥时代已然到来。原始的物理材料构成了户外广告的介质，在新的传播环境下，只有构成材料与服务方式才能使这种固有的户外介质形象得以改变，让户外广告实现蜕变，获得新生。

互联网的本质是互动与共享，传统媒体根本无法做到这个点。因此，传统媒体发展乏力，远远落后于新媒体。虽然在现阶段，传统电视与报纸的地位还无法被互联网媒体撼动，但在满足一些比较微小的民众信息需求方面，传统官方媒体无法与新媒体相较。事实上，在整个传播语境中，互联网新媒体没有权威感，但在信息接收的局部领域，互联网新媒体掌握着优先发布权与告知权。

互联网媒体之所以能做到这个点，是因为互联网媒体是一个有内容的媒体，正是因为有了这些内容，互联网广告才实现了迅猛发展。那么，没有内容的户外广告要如何才能具备互联网特质呢？

所谓的室内广告与户外广告是从广告形态来划分的，这种划分缺乏一定的科学性，科学的划分应该是线上广告与线下广告。过去所说的线上广告一定在室内，现如今，户外也能发布线上广告。如此一来，户外广告与室内广告的界限越来越模糊，线上广告与线下广告的界限就越来越清晰。在这种情况下，**要**

想让户外广告与当今的消费格局相融合，就必须让其与线上广告融合，朝着互联网式的户外媒体转变，只有这样才能实现持续发展。

对户外媒体来说，互联网式的户外媒体的差异化发展之路，不仅能使户外媒体获取差异化竞争优势，还能使其紧随互联网时代的发展步伐。但互联网式的户外媒体又不同于互联网广告，它能使媒体实现跨界发展。这样，户外媒体就具备了互联网数字新媒体共享与互动的优良特征。当然，从本质上看，互联网式的户外媒体还是户外广告，但其与传统的户外广告有着明显的区别。

户外广告可以做到互动，这是毋庸置疑的。现如今，已经有很多广告主借助互联网将户外广告牌变成数字化终端屏，让静止的广告牌动起来。例如，德高将创新与创意结合起来，让受众与屏幕中的人互动，牵手、拥抱、跳舞，这就是户外广告的互动形式。

除互动外，户外广告还做到了共享。在全球化的市场格局下，户外广告的受众也变成了世界各地的客户，广告可实现精准投放，最重要的是某地区的广告产品信息可为各地区共享。

户外广告是从强迫性媒体朝氛围性媒体转变的，强迫性媒体指的是让受众不得不接收广告信息的媒体；氛围性媒体指的

是引发受众共鸣，让受众在潜移默化中接收信息的媒体，距离互动更近了一步，至少做到了心灵上的互动；资源性媒体，即路边媒体，会慢慢表现出衰颓之势，绝大多数情况下会被受众忽视。

户外广告互联网化的另一个重要原因是，受众已经实现了互联网化。过去，受众只在工作时间活跃于线上，现如今，随着移动互联网的出现和发展，受众可随时随地在线上，这分走了一大半户外广告吸引注意力的机会。受众集体转移，即便身处户外，注意力也在线上，在这种情况下，仅凭借传统形态，户外广告已难以生存、发展。那么，数字化时代的户外媒体应该如何发展呢？其发展策略如图 7-3 所示。

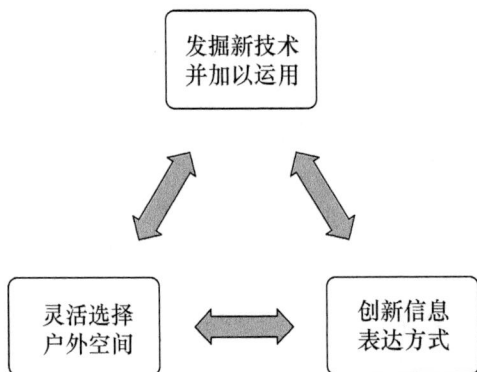

图 7-3　数字化时代户外媒体的发展策略

◆ 发掘新技术并加以运用

企业投放户外广告的目的，是为了让自身的产品及品牌快速地推广至目标群体。虽然人们不愿意改变自己的习惯，但新生事物向来能够吸引大量注意力，所以，户外广告传播形式的创新就显得尤为关键。

以二维码技术为例，由于其低成本、易操作、信息容量大等方面的优势，在销售、支付等环节已经得到了广泛的应用，在户外广告的传播过程中，二维码技术也有着广阔的发展前景。

人们随身携带的智能手机也是一个很好的探索方向，户外广告从业者应该积极探索新技术，争取使户外广告屏和智能手机屏形成良好的联动效应，在确保营销效果的同时，改善用户体验。

◆ **创新信息表达方式**

同样的广告内容采用不同的表达方式，对消费决策的影响也会存在一定的差异。所以，为了达成营销目标，需要针对用户群体的个性化需求，创新信息表达方式。

当然，对户外广告的传播对象进行定位很关键，定位完成后，根据目标群体的特性，选择合适的信息表达方式，例如，当传播对象是儿童时，广告主可以尝试使用卡通人物对话的信息表达方式；当传播对象是中老年人时，广告主就需要在信息表达方式中融入更多的亲情、温暖、关怀等元素。

◆ **灵活选择户外空间**

户外空间的选择应该以目标群体的分布及环境融合度为考

核指标，尽可能选择目标群体分布较为集中且和户外广告内容及形式匹配的户外空间。此外，在新媒体崛起的背景下，户外空间的选择不应该仅局限在传统的室内或室外空间，随着技术的快速发展，未来，智能手机、平板电脑等移动终端屏幕也将成为一种优质的户外广告空间。

7.2.2 新技术在户外广告中的应用

◆ 互联网思维指导创作与投放

在实践的过程中，互联网思维的应用具有两大特点：**第一，用户至上，户外广告要面向目标用户群体进行精准投放**，例如，地铁乘客以上班族居多，所以地铁中投放的广告要符合上班族的喜好；**第二，广告内容的投放与应用要根据场景而定**，例如，在 Theraflu 与 Saatchi &Saatchi's Interactive 联合制作的互动广告中，因为当时的背景是流感盛行，所以，广告主选择了互动广告，通过为受众测量体温吸引其注意。这个符合当时场景的互动广告使受众对广告商品有了更深的印象。

◆ 互联网技术拓展形式、提升体验

在早期，户外广告的竞争力来自好位置与优质的创意。随着受众接触互联网的时间逐渐增长，新时期的户外广告有了两大特点：一是互动性，二是体验性。近年来，户外广告的材质在不断改变，为具有情景化、环境化特点的广告创意的实现提

供了条件，从而产生了完全的互动广告。

在 LED 技术、LBS 技术、AR 技术、VR 技术、投影技术、触摸屏等先进技术与设备的支持下，多种类型的户外广告有了呈现的可能，以这些互联网技术为基础，户外广告的功能也得到了有效地拓展。随着受众对数字化、网络化、多媒体化的需求越来越强烈，公共资源也实现了重新分配，例如，公交、地铁等公共场所设立的数字充电站为用户提供手机充电、上网、购物等数字化服务，同时也使户外广告的呈现形式得以有效拓展。

以小竹空气净化器为例，借投影技术将哭泣的儿童面庞映射到工厂冒着滚滚浓烟的烟囱上，号召人们立即行动起来，向全社会呼吁要净化空气。仅一周的时间，这则广告的微博阅读量就达到了 1730 万，小竹官网的点击量也突破了480 万，品牌知名度迅速提升。

总而言之，户外广告利用投影技术能以更生动、更深入人心的方式将内容呈现出来，提高受众对品牌的认可度，实现品牌的广泛传播。

◆ 整合平台传播内容、增加到达

整合营销传播覆盖了促销、直销、公关、包装、新闻媒体等一系列传播活动，是 21 世纪市场经济持续发展的产物。对整合营销传播来说，互联网传播是不可或缺的一个环节。传统媒体与新媒体的整合将线上与线下受众结合在一起，推动广告信息更全面、更广泛地传播。

> 伊利曾开展过一场整合营销传播活动——冬天热杯牛奶温暖你爱的人。在这场活动中，伊利与奥美广告公司在北京地铁国贸站举办了暖心故事摄影展，将地铁通道变成了摄影长廊，为每张照片附加文字，引发了受众共鸣。为了延伸活动，伊利将二维码放到了宣传海报中，用户扫描二维码就能进入 H5 互动游戏页面，生成自己的暖人案例并在朋友圈分享，从而吸引更多用户参与这个活动。
>
> 伊利这场整合营销传播活动的曝光数达到了 18.36 亿，移动端的参与人数达到了 1002.6 万；"小温暖"专题页面浏览量达到了 456.7 万，曝光数达到了 25.41 亿。通过"一张温情的照片＋一段暖心的话"这种形式，该活动上线两天就吸引了 1000 多名用户前来参与，使传播效果大幅提升。

随着互联网的发展，户外广告的传播策略有所改变。借助互联网思维，户外广告的内容更贴近生活与实际，实现了有效创新，让人们可以暂时忘却工作与生活中的烦恼，从情感上与商品产生共鸣。

互联网技术的应用使户外广告的表现形式有效拓展，除传统的平面广告、互动广告、视频广告、投影广告之外，互联网技术还有效增强了户外广告的互动性，让受众对商品功能有了更加深刻的认识，使商品转化率大幅提升。同时，在互联网平台的作用下，户外广告的传播渠道得以大幅拓展，除了传统的线下渠道之外，借助新媒体，广告主还对线上渠道与线下渠道进行了整合，线下的互动性与线上的话题性相互结合，有效拓展了户外广告的传播渠道，增强了传播效果。

7.2.3　互联网户外广告模式的创新

在移动互联网时代，作为一种典型的传统广告，户外广告受到了强烈冲击，如何对户外广告进行创新，从而使其适应新的媒介环境、充分满足消费者的个性化需求，是广大从业者亟须解决的重点问题。

从发展历程来看，虽然户外广告有多年的发展历史，但直到 21 世纪后，户外广告在国内市场才开始快速发展。城市化进程的日渐加快，以及户外运动需求的快速增长，为户外广告的发展带来了强大推力。

如今，随着户外广告数量的大幅增长，其同质化问题越来越突出，广告效果越来越差，再加上较高的广告成本，使户外广告的发展遇到了极大的阻力。在这种背景下，从业者需要积极创新才能确保取得良好的广告效果。

互联网户外广告模式的创新如图 7-4 所示。

```
┌──────────┐
│  表现内容  │
│  的创新   │
└──────────┘
     │
     ▼
┌──────────┐
│  表现手法  │
│  的创新   │
└──────────┘
     │
     ▼
┌──────────┐
│  媒体运用  │
│  上的创新  │
└──────────┘
```

图 7-4　互联网户外广告模式的创新

◆ 表现内容的创新

很多户外广告从业者虽然知道广告内容创新的重要性，但在创作广告内容的过程中，很多人过度关注户外广告的局限性，如信息容量有限、缺乏互动、广告位置受限、无法强制消费者关注等，从而缺乏对广告内容进行创新的积极性，导致广告内容的同质化问题突出，部分从业者表示，这是追求视觉效果统一化、强化品牌形象的必然选择。

事实上，户外广告由于其特殊的环境因素，导致其与其他形式的媒体广告存在明显差异，需要更加重视内容层面的创新。户外营销场景十分多元化，有的场景人流量庞大，拥挤且嘈杂；有的场景人流量小，目标群体停留时间较短；还有的场景清静幽雅，能够让人放松身心等。

特定的场景需要匹配相应的广告内容才能取得良好的效果。户外广告从业者应该根据不同的广告场景，设计差异化的内容，例如，在人流拥挤的场景中，尽量精简内容，力求做到醒目、有视觉冲击力；在舒适幽雅的场景中，广告内容要具体而生动，通过搭配精美的图片强化用户感知等。

◆ **表现手法的创新**

高科技技术的应用及制造业的快速发展，为户外广告的表现手法创新奠定了坚实基础。尤其是在夜间，色彩纷呈的广告牌不失为城市中的一道亮丽风景。霓虹灯和电子广告牌在我国应用得非常普遍，但表现手法太过单一。我们不妨参考一下健力士黑啤在伦敦投放的广告，其广告牌针对白天和黑夜场景进行差异化展示，分别对应着广告牌中的啤酒杯空杯与满杯，激发人们在夜间喝啤酒的消费欲望。

这种趣味、生动的表现手法，使广告画面和零售终端结合起来，产生了强大的视觉冲击。这启发户外广告从业者，在创新广告表现手法时，应该结合环境因素，使广告更加生动、更具感染力。

◆ 媒体运用上的创新

虽然户外广告仅是广告的一个细分领域，但其涉及的户外媒体十分多元化，如橱窗、路牌、灯箱、招贴、霓虹灯、交通工具等。不同的户外媒体有着差异化的特征，适合投放的广告也有所不同。户外广告从业者需要根据户外媒体的特征灵活运用，从而充分发挥其优势。国内很多城市的广告牌数量越来越多、体积越来越大，不但没有带来良好的营销效果，反而破坏了城市形象，带来了光污染、噪声污染、能源浪费等问题。

在英国、法国、意大利等重视户外广告创意的国家，其户外广告的投放力求做到与城市环境的协调，能够让人感到舒适、温馨，为城市增添更多的美，对广告牌的密度、大小、颜色等会进行严格的控制。在这些国家，常常见到在施工围蔽上的充满艺术性的大型喷绘广告，会让人感受到强烈的视觉冲击。

随着我国越来越重视城市环境保护，施工围蔽在很多城市得到了广泛应用，但国内的施工围蔽主要是使用不透明的金属板（以蓝色为主）对工地进行隔离，除了房地产开发商在开发楼盘时会在围蔽上投放广告外，其他项目很少会投放广告。

事实上，施工围蔽是一种很好的户外广告媒体，在上面提到的几个国家中，广告公司会在施工围蔽上将建筑物立体化地喷绘出来，远距离观看，很容易被"欺骗"。国内户外广告从业者不妨借鉴这种方式，开发以施工围蔽为代表的更多元的户外广告媒体。

7.2.4　互联网户外媒体的实战策略

受到手机媒体迅速发展的影响，户外广告的信息触达效果及曝光效果明显降低，许多广告主计划减少对户外媒体的广告投资，更加注重在手机上的信息推广。

在传统媒体广告中，户外媒体的稳定性与发展潜力优于其他传播方式。如今，车主在广播用户中占据较大比例，传统广播及相关 App 的发展受到许多因素的影响，变动性较大，而在现代社会，人们的生活节奏不断加快，每天奔波更长的时空距离，对户外媒体的接触机会明显增多。

在移动互联网时代，智能手机等终端媒体的迅速发展，也使传统媒体平台面临更多竞争，进一步分散了用户的注意力，这给户外媒体的发展带来更多压力。设想一下，若新兴媒体吸引了众多用户，就会导致人们对户外媒体的关注度明显下降，户外媒体广告也就很难达到营销目的。那么，为了提高自身的竞争力，户外媒体需要注意哪些因素？下面对移动互联网时代下户外媒体的发展策略进行分析。

◆ 创意

户外媒体拥有很大的发展空间，优秀的创意能够使户外媒体传播的信息内容通过互联平台的传播引起人们的高度关注，并在移动社交媒体平台吸引更多用户的参与。在设计户外广告的过程中，应该注重内容的呈现，并融入优秀的创意，使其适合在网络平台上传播，便于制造热点话题。为此，户外媒体应该在实现信息传播的基础上，通过创意发挥促进信息更大范围的传播，调动用户参与的积极性，通过网络平台及社交媒体扩大信息覆盖面。

◆ 关联

在移动互联网时代，跨媒体运营很关键，户外媒体需要找到与移动互联网媒体平台的连接点。媒体可以在公共场所开通网络热点，也可以实现户外广告与手机终端的互动。例如，在广告图片中添加二维码，或者在微博、微信等社交平台添加链接，引导用户参与网络平台的营销活动。

分众传媒是这方面的实践代表。该公司在楼宇电梯安装联网设备，方便用户通过手持设备连接网络，在利用户外广告传播信息的同时，也使广告本身成为流量入口，实现了企业与移动终端用户之间的有效连接，在原有基础上进一步增强了营销效果。

此外，分众传媒在国内多个城市发起的"全城示爱"活动，能够将用户上传到后台的表白内容发布到其男友或女友附近的大屏幕上，利用小区、购物广场、办公楼的屏幕，为情侣传达情意提供了平台，实现了线上线下的一体化运营，使媒体具备了渠道功能。

◆ 互动

户外媒体除了展示与传播基本的信息之外，还应该推出相关营销活动与受众互动。例如，健身房通常聚集了一批追求高品质生活的消费者，他们在健身的间隙，可能对周围的广告产生兴趣，广告主不妨抓住这个机会，推出围绕特定主题、与周边环境及健身运动有关的活动，吸引目标消费者参与互动，增强营销效果。

在为 BMW3 系产品做推广时，宝马不仅在健身会所展示了产品促销内容，还推出"寻找运动王者"主题活动，邀请健身达人参与公司推出的相关挑战活动，吸引了大批健身爱好者进店消费。

很多情况下，移动互联网用户群体所处的位置并不固定，他们接触户外媒体的机会更多，从这个角度来说，户外媒体与移动互联网的用户群体之间存在很多交集。在今后的发展过程中，户外媒体需要找到与互联网、移动互联网之间的连接点，并利用大数据提高营销针对性。

◆ 参与

身处移动互联网时代的户外媒体，应该注重对用户体验的打造与升级，为此，媒体应该制定创意丰富的营销方案，方便用户利用智能手机浏览更多信息，同时，还要融入周边环境。

以户外广告公司 Clear Channel Outdoor 为例，其推出的 Connect 服务平台能够实现户外广告与用户智能手机之间的互动，具体而言，该平台利用机场指示牌、公交车站的广告牌，或者在书报亭中安装户外装置，利用装置中的移动传感器对过往用户进行识别。在举例来说，在公交站点的广告牌上，这家公司会邀请消费者按照指示操作浏览更多相关内容，并为其推荐移动端应用，与消费者展开富有趣味的互动，吸引其参与。从广告主的角度来说，能够吸引目标受众参与的广告，在信息传播方面更具优势。

◆ 时点

具体是指根据目前的时点及消费者的情绪状态，围绕特定主题，推出相关的营销活动。也就是根据传统节日、社会热点话题，组织并开展符合当下氛围的活动，与此同时，利用社交媒体平台提高话题热度，实现更大范围的信息推广。

2013 年开始，王老吉与媒体合作推出春运主题公益活动——让爱吉时回家，为订票困难的人提供帮助，让他们与家人团聚。活动期间，王老吉官方微博以"团圆"为主题发起热点讨论，吸引了众多用户的关注。

◆ 体验

利用优秀的广告创意提升用户体验、吸引用户的参与，并且要发挥先进技术的优势，推出与具体场景相结合的营销方案，制造契合当下热点、促使用户自发传播的信息内容。

可口可乐为推广迷你罐，在德国人流量较大的广场建设迷你亭子，并配置小型产品收货机，吸引了许多年轻人、家长及儿童的驻足，还有很多人在消费后会自拍留念，成为自发宣传者。有些商家将地铁站的台阶设置成钢琴的琴键，人们在上下楼梯时能够发出悦耳的音符，这种互动方式就能使消费者记住相关的广告与品牌信息。

◆ 跨界

通过跨界运营进一步强调营销主题，借助移动互联网，将不同媒介平台的运营结合起来，实现跨界整合。不过，在具体实施过程中，需要在把握品牌特征的基础上，使各个平台的主题保持一致，即围绕公共的主题在电视、户外媒体、移动媒体平台发布内容，同时要采用符合不同媒介平台的创意及呈现方式。

◆ 融合

不同的媒体平台在信息传播方面具有不同的侧重点。例如，电视媒体更加注重提高信息曝光量，移动媒体注重打造极致的用户体验，杂志注重对信息的深度解读，户外媒体则强调内容本身的话题性以及对用户的吸引力。广告公司需要采取有效措施，将不同媒体的内容运营结合起来，发挥协同效应。

另外，户外媒体应该把握不同场景、不同氛围，使营销符合当下的环境需求，从消费者的角度出发，判断其心理状态及消费需求，在此基础上发挥网络平台的优势，增强营销效果。